# 라이프니츠가 들려주는
# 미분 3 이야기

김승태 지음

NEW
수학자가 들려주는
수학 이야기
71

# 라이프니츠가 들려주는 미분 3 이야기

㈜자음과모음

## 추천사

**수학자라는 거인의 어깨 위에서
보다 멀리, 보다 넓게 바라보는
수학의 세계!**

　수학 교과서는 대개 '결과'로서의 수학을 연역적으로 제시하는 경향이 강하기 때문에 학생들은 수학이 끊임없이 진화해 왔다고 생각하기 어렵습니다. 그렇지만 수학의 역사는 하나의 문제가 등장하고 그에 대해 많은 수학자가 고심하고 이를 해결하는 가운데 새로운 아이디어가 출현해 온 역동적인 과정입니다.

　〈NEW 수학자가 들려주는 수학 이야기〉는 수학 주제들의 발생 과정을 수학자들의 목소리를 통해 친근하게 이야기 형식으로 들려주기 때문에 학생들이 수학을 '과거 완료형'이 아닌 '현재 진행형'으로 인식하는 데 도움이 될 것입니다.

　학생들이 수학을 어려워하는 요인 중의 하나는 '추상성'이 강한 수학적 사고의 특성과 '구체성'을 선호하는 학생의 사고 사이에 존재하는 간극이며, 이런 간극을 줄이기 위해서 수학의 추상성을 희석시키고 수학 개념과 원리의 설명에 구체성을 부여하는 것이 필요합니다.

　〈NEW 수학자가 들려주는 수학 이야기〉는 수학 교과서의 내용을 생동감 있게 재구성함으로써 추상적인 수학을 구체성을 갖는 수학으로 변모시키고 있습니다. 또한 중간중간에 곁들여진 수학자들의 에피소드는 자칫 무료해지기 쉬운 수학 공부에 윤활유 역할을 해 줄 것입니다.

〈NEW 수학자가 들려주는 수학 이야기〉의 구성을 보면 우선 수학자의 업적을 개략적으로 소개하고, 6~9개의 강의를 통해 수학 내적 세계와 외적 세계, 교실 안과 밖을 넘나들며 수학 개념과 원리를 소개한 후 마지막으로 강의에서 다룬 내용을 정리합니다.

이런 책의 흐름을 따라 읽다 보면 각각의 도서가 다루고 있는 주제에 대한 전체적이고 통합적인 이해가 가능하도록 구성되어 있습니다. 〈NEW 수학자가 들려주는 수학 이야기〉는 학교 수학 교과 과정과 긴밀하게 맞물려 있으며, 전체 시리즈를 통해 학교 수학의 많은 내용들을 다룹니다. 따라서 〈NEW 수학자가 들려주는 수학 이야기〉를 학교 수학 공부와 병행하면서 읽는다면 교과서 내용의 소화 흡수를 도울 수 있는 효소 역할을 할 것입니다.

뉴턴이 'On the shoulders of giants'라는 표현을 썼던 것처럼, 수학자라는 거인의 어깨 위에서는 보다 멀리, 넓게 바라볼 수 있습니다. 학생들이 〈NEW 수학자가 들려주는 수학 이야기〉를 읽으면서 각 수학자의 어깨 위에서 보다 수월하게 수학의 세계를 내다보는 기회를 갖기를 바랍니다.

홍익대학교 수학교육과 교수 | 《수학 콘서트》 저자 박경미

## 책머리에

### 세상의 진리를 수학으로 꿰뚫어 보는 맛 그 맛을 경험시켜 주는 '미분 3' 이야기

《라이프니츠가 들려주는 미분 3 이야기》를 집필하면서 특히 신경을 쓴 부분은 풀이 과정을 기존에 나와 있는 참고서보다 더욱 자세히 다루어 학생들의 이해력을 상승시키기 위해 노력한 점입니다.

극한의 개념을 바탕으로 미분계수의 뜻을 알아보는 데도 세심한 배려를 하였고, 다항함수의 도함수를 자세히 알려주기 위하여 최선을 다하였습니다. 《뉴턴이 들려주는 미분 1, 2 이야기》와는 좀 더 다른 느낌의 이야기를 전달하려고 노력하였습니다.

하지만 언제나 변함없는 나의 생각은 학생들의 시각에서 만들어져야 한다는 것입니다. 이 일관된 생각은 변함이 없습니다. 미분과 적분의 중요성을 반영하여 교육부에서 미분과 적분을 필수 과목으로 지정함으로써 학생들에게 수업에 대한 부담을 주고 있는 현실입니다. 학생들이 어려워하는 미분과 적분을 즐겁고 알차게 공부할 수 있도록 중간중간 재미있는 방식을 보여 주었고, 풀이에 재미를 더하여 미분을 더욱 잘 알 수 있도록 노력하였습니다.

이 책을 부담 없이 읽기만 해도 학교 수업에 큰 자신감을 불러 일으켜 주리라 확신합니다.

창조와 응용은 노력에서 나옵니다. 여러분의 수학 실력 향상은 노력의 산물이라고 저는 믿습니다. 조앤 K. 롤링이 〈해리 포터〉를 창작하기 위해 〈나니아 연대기〉를 다섯 번 이상 베껴 쓴 것처럼 여러분도 이 책을 옆에 두고 때로는 쓰고 풀어 가면서 공부한다면 미분이라는 거대한 성을 함락할 수 있을 것입니다.

김승태

# 차례

| | |
|---|---|
| 추천사 | 4 |
| 책머리에 | 6 |
| 100% 활용하기 | 10 |
| 라이프니츠의 개념 체크 | 20 |

## 1교시
곡선의 접선 — 접선의 기울기     29

## 2교시
봉수리의 봉술로 배우는 접선의 방정식     49

## 3교시
함수의 증가와 감소를 금방 알아내는 미분     71

## 4교시
함수의 극대와 극소에 투입된 미분     97

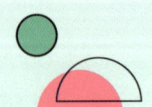

**5교시**
미분으로 찾아내는 함수의 최댓값과 최솟값     117

**6교시**
방정식과 부등식을 미분으로 잡다     139

**7교시**
속도와 가속도를 잡아내는 미분     159

## 1 이 책은 달라요

《라이프니츠가 들려주는 미분 3 이야기》에서는 뉴턴이 물체의 운동에서 속도를 정의하기 위해서 미분법을 발견한 것과는 별개로 곡선의 접선 또는 극대, 극소를 고찰하는 수단으로 미분법을 발견한 라이프니츠가 등장하여 학생들에게 강의 형식으로 미분에 대하여 들려줍니다. 미분법을 활용하면 고등학교 1학년에서 배우는 방법과 다른 방법으로 함수의 그래프를 그릴 수 있습니다. 이 책에서는 주로 그런 측면의 미분법을 다루어 나갑니다.

라이프니츠라는 대 수학자가 봉술을 다루는 봉수리라는 소림사의 스님과 함께 학생들의 시각에 맞추어 미분법을 재미있게 들려줍니다. 학생들이 꺼려 하고 힘들어하는 미분을 라이프니츠라는 미분의 창시자가 친근한 교사가 되어 이야기 형식으로 들려주어 미분에 대한 관심을 충분히 이끌어 내 줍니다.

미분에 대한 내용 역시 학교 교과서의 내용을 벗어나지 않는 범위에서 다루고 있으며 실제 수능에 출제된 문제 유형과 관련된 미분을 다루기도 합니다. 미분 공부를 어려워하고 실패한 학생이라도 이 책을 통해 처음부터 다시 한번 시작해 볼 수 있을 것입니다. 따라서 미분과 관련된 학교 교과에 대한 충분한 학습 능력을 기를 수 있을 것입니다.

## 2 이런 점이 좋아요

① 이 책은 라이프니츠라는 미분의 창시자를 등장시켜 실제 학교에서 배우는 미분법을 좀 더 상세하게 강의식으로 설명한 책입니다.

② 재미있는 말투와 에피소드로 입가에 미소를 띠며 미분을 습득하도록 구성되어 있습니다.

③ 미분을 모르는 학생이라도 차근차근 읽어 나간다면 미분의 구조를 이해할 수 있도록 단계별로 잘 설명되어 있습니다. 또한 수능을 준비하거나 학교 수학을 확실히 잡기 위한 고교생에게 특히 큰 도움이 될 것입니다.

## 3 교과 연계표

| 학년 | 단원(영역) | 관련된 수업 주제 (관련된 교과 내용 또는 소단원명) |
|---|---|---|
| 고 2~3(미적분1) | 미분 | 미분계수, 도함수 |
| 고 2~3(미적분2) | 미분법 | 여러 가지 함수의 미분, 여러 가지 미분법 |

## 4 수업 소개

### 1교시 곡선의 접선 — 접선의 기울기

미분하는 법을 알아봅니다.

접선의 기울기와 미분의 관계를 살펴봅니다.

미분의 계산법을 활용합니다.

- 선행 학습

 - 기하학 : 수학의 가장 오래된 분야 중 하나로 그 기원은 고대 이집트와 메소포타미아까지 거슬러 올라가며, 측량을 포함한 실제 문제를 해결하기 위한 노력에서 유래되었습니다.

 - 접선 : 곡선상의 두 점 P, Q를 연결하는 직선을 가정하고, 점 Q가 이 곡선에 따라 한없이 점 P에 접근할 때의 직선 PQ의 극한의 위치 또는 그 자취를 말합니다.

 - 이차함수 : 함수를 나타내는 식이 이차식인 함수를 말합니다. $y=ax^2+bx+c(a \neq 0)$의 꼴을 가집니다.

- 학습 방법
  - 도함수란 기하학적으로 함수 그래프의 기울기이며 좀 더 정확하게는 한 점에서의 접선tangent line의 기울기입니다.
  - 곡선 $y=f(x)$ 위의 점 $(a, f(a))$에서의 접선의 기울기는 $f'(a)$입니다.
  - 미분계수

    함수 $f(x)$의 $x=a$에서의 미분계수는
    $$f'(a)=\lim_{\Delta x \to 0}\frac{f(a+\Delta x)-f(a)}{\Delta x}$$

### 2교시 봉수리의 봉술로 배우는 접선의 방정식

접선의 방정식에 대하여 알아봅니다.

법선의 방정식에 대하여 알아봅니다.

- 선행 학습
  - 뉴턴 : 17세기 과학 혁명의 상징적인 인물입니다. 광학, 역학, 수학 분야에서 뛰어난 업적을 남겼고, 1687년에 출판된 《자연 철학의 수학적 원리Philosophiæ Naturalis Principia Mathematica》는 근대 과학에서 가장 중요한 책으로 꼽힙니다.
  - 방정식 : 어떤 문자가 특정한 값을 취할 때에만 성립하는 등식입니다.
  - 삼각비 : 직각삼각형의 세 변 중에서 어느 두 변을 취하여 만든 비의 값입니다. 사인, 코사인, 탄젠트, 시컨트, 코시컨트, 코탄젠트가 있습

니다.
- **학습 방법**
- 법선의 방정식

  접점을 지나고 접선과 수직인 직선을 법선이라고 합니다.

  법선의 기울기 : $-\dfrac{1}{f'(a)}$ (단, $f'(a) \neq 0$)

  법선의 방정식 : $y - f(a) = -\dfrac{1}{f'(a)}(x-a)$

- 다항함수 $y=f(x)$의 그래프 위의 점 $\mathrm{P}(a, b)$에서

  접선의 기울기는 $\tan\alpha = f'(a)$

  접선의 방정식은 $y - b = f'(a)(x-a)$

## 3교시 함수가 증가와 감소를 금방 알아내는 미분

함수의 증가상태와 감소상태를 알아봅니다.

증가상태와 감소상태를 미분을 통하여 배워 봅니다.

- **선행 학습**
- 좌표평면 : 좌표계가 정해진 평면입니다. 이 평면의 각 점에는 두 수로 된 한 쌍의 좌표가 대응하는데, 이것을 이용하여 도형의 성질을 로그 계산에 의하여 연구할 수 있습니다.
- **학습 방법**
- 함수의 증가와 감소

  함수 $f(x) = x^2$에서 $(0, \infty)$인 구간에서는 $x$가 증가함에 따라

$f(x)$가 증가합니다. 이때 이 구간에 속하는 임의의 두 수 $a, b$에 대하여 $a<b$일 때 $f(a)<f(b)$가 성립합니다.
- 함수의 증가, 감소의 정의

  함수 $f(x)$가 어떤 구간의 임의의 두 수 $a, b$에 대하여 $a<b$이고 $f(a)<f(b)$일 때, $f(x)$는 그 구간에서 증가한다고 합니다. 또 $a<b$이고 $f(a)>f(b)$일 때, $f(x)$는 그 구간에서 감소한다고 합니다.
- 함수 $f(x)$가 어떤 구간에서 미분가능하고 그 구간에서 $f'(x)>0$이면 $f(x)$는 그 구간에서 증가하고, $f'(x)<0$이면 $f(x)$는 그 구간에서 감소합니다.

### 4교시 함수의 극대와 극소에 투입된 미분

함수의 극대와 극소를 배워 봅니다.

미분을 통하여 고차함수를 그려 봅니다.

- 선행 학습
- 극값 : 함수 $f(x)$가 연속이고 $x=a$ 부근에서 증가 → 감소로 변하면 $f(a)$는 극댓값이고, $x=b$ 부근에서 감소 → 증가로 변하면 $f(b)$는 극솟값을 가집니다. 이러한 극댓값과 극솟값을 통틀어 극값이라고 합니다.
- 인수분해 : 인수분해因數分解는 한 다항식을 두 개 이상의 인수로 분해하는 것을 말합니다.

- 학습 방법
 - 극값의 판정이란 함수 $y=f(x)$가 $x=a$에서 미분가능하고 $x=a$에서 극값을 가지면 $f'(a)=0$입니다.
 - $a^2-b^2=(a+b)(a-b)$

## 5교시 미분으로 찾아내는 함수의 최댓값과 최솟값

함수의 최댓값과 최솟값을 알아봅니다.

함수의 최댓값과 최솟값을 미분을 통해 활용해 봅니다.

- 선행 학습
 - 구간
  · 개구간開區間 : 실수 집합에서 양 끝의 수를 그 집합에 포함하지 않는 구간입니다. 부등식 $a<x<b$로 표시되는 구간으로, $(a, b)$로 나타냅니다.
  · 폐구간閉區間 : 실수 집합에서 양 끝의 수를 그 집합에 포함하는 구간입니다. 부등식 $a \leq x \leq b$로 표시되는 구간으로, $[a, b]$로 나타냅니다.
 - 완전제곱식 : 어떤 정식의 제곱으로 표현되는 식입니다.
 - 부피 : 부피는 도형이 차지하는 공간입니다.
- 학습 방법
 - 주어진 구간에서 선택할 수 있는 가장 큰 값을 $f(x)$의 최댓값, 주어진 구간에서 선택할 수 있는 가장 작은 값을 $f(x)$의 최솟값이라고

합니다.
- 함수가 주어진 구간에서 연속이고 그 구간에서 극값이 하나만 존재할 때, 극값이 극솟값이면 바로 그 극솟값이 최솟값이 되고 극값이 극댓값이면 바로 그 극댓값이 최댓값이 됩니다.
- 기둥의 부피는 (밑넓이)×(높이)이고, 뿔의 부피는 $\frac{1}{3}$×(밑넓이)×(높이)입니다.

## 6교시 방정식과 부등식을 미분으로 잡다

미분을 통하여 방정식을 알아봅니다.
증감표를 이용해 고차함수를 그려 봅니다.

- **선행 학습**

- 판별식 : 대수방정식의 해에 대한 정보를 주는 식입니다.
- 교점 : 둘 이상의 선이 서로 만나는 점입니다.
- 부등식 : 두 수 또는 두 식을 부등호로 연결한 식입니다.

- **학습 방법**

- 함수 $f(x)$의 그래프와 $x$축이 만나는 점의 $x$좌표는 방정식 $f(x)=0$의 실근이 됩니다. 실근이란 근의 일종으로 실수 근을 말합니다. 실수는 유리수와 무리수로 이루어져 있습니다.
- 함수 $f(x)$와 $g(x)$ 교점의 $x$좌표는 방정식 $f(x)=g(x)$의 실근입니다.

- 서로 다른 세 실근을 가질 조건은 (극댓값)×(극솟값)<0입니다.
- 이중근과 다른 한 실근을 가질 조건은 서로 다른 두 실근을 가질 조건과 같은 것으로, (극댓값)×(극솟값)=0입니다.
- 한 실근과 두 허근을 가질 조건인 한 실근만을 가질 조건은 (극댓값)×(극솟값)>0입니다.
- 임의의 실수 $x$에 대하여 부등식 $f(x)>0$이 성립함을 증명하려면 함수 $y=f(x)$의 도함수 $y'=f'(x)$를 이용하여 $f(x)$의 최솟값을 구한 후, ($f(x)$의 최솟값)>0임을 보입니다.
- $x>a$인 범위에서 부등식 $f(x)>0$이 성립함을 증명하려면 $x>a$인 범위에서 ($f(x)$의 최솟값)>0임을 보입니다. 또 $x>a$인 범위에서 $f(x)$가 증가함수이고 $f(a)≥0$임을 보입니다. 즉, $f'(x)>0$, $f(a)≥0$임을 보입니다.
- $x>a$인 범위에서 부등식 $f(x)>g(x)$가 성립함을 증명하려면, $h(x)=f(x)-g(x)$로 놓고 $x>a$인 범위에서 $h(x)>0$임을 보입니다.

### 7교시 속도와 가속도를 잡아내는 미분

속도와 가속도에 대하여 알아봅니다.

속도와 가속도에 이용되는 미분 적용 문제를 알아봅니다.

- 선행 학습
  - 속도 : 한 점이 어떤 방향으로 얼마나 빠르게 움직이는지를 나타내

는 양입니다.

- 가속도 : 시간에 대한 속도 변화의 비율입니다.
- 속력 : 물체의 빠르기를 나타내는 척도의 하나입니다. 단위 시간당 이동한 거리로 정의됩니다.

• 학습 방법

- 시간과 위치 사이에 $x=f(t)$ $x$는 위치, $t$는 시간라는 함수 관계가 있다고 하면, 시각이 $t$에서 $t+\Delta t$만큼 지났을 때, 위치의 변화량은 $f(t+\Delta t)-f(t)$가 됩니다. 따라서 이 시간 간격 $\Delta t$ 사이의 평균속도는 $\dfrac{(위치의 변화량)}{(소요된 시간)}=\dfrac{f(t+\Delta t)-f(t)}{\Delta t}$ 입니다.

- (속도)$=\dfrac{(위치의 변화량)}{(소요된 시간)}$ 이고, (속력)$=\dfrac{(이동 거리)}{(소요된 시간)}$ 입니다.

## 라이프니츠를 소개합니다

Gottfried Wilhelm von Leibniz(1646~1716)

나는 수학적 논리 체계를 연구한 수학자 라이프니츠입니다. 미적분학의 공동 창시자이기도 하지요.

내가 만든 이진수 체계는 현대의 모든 컴퓨터에서 사용되는 자료의 저장과 처리를 위한 논리적 기초를 제공하고 있습니다. 나는 어릴 때 학교에서 역사, 라틴어, 그리스어, 신학, 논리학을 배웠습니다. 그리고 학창 시절에 책을 가리지 않고 읽었습니다. 그리고 대학에 진학하여 라틴어, 히브리어, 그리스어, 수사학 수업을 들었습니다.

나는 다른 수학자들의 기술과 나의 아이디어를 종합하여 일반적인 미적분학 이론을 만들어 냈습니다. 그리하여 나는 수학과 다른 분야에서도 이름을 날리게 되었습니다.

## 여러분, 나는 라이프니츠입니다

여러분, 안녕하세요? 컴퓨터 게임을 자주하는 친구들은 나의 공헌을 잊어서는 안 됩니다. 내가 만든 이진수 체계는 현대의 모든 컴퓨터에서 사용되는 자료의 저장과 처리를 위한 논리적 기초를 제공하고 있습니다.

나는 수학적 논리 체계를 연구한 수학자 라이프니츠입니다. 미적분학의 공동 창시자이기도 하지요. 미분에 대한 공부를 하기 전에 나에 대한 이야기를 좀 하겠습니다. 여러분도 내가 궁금할 것입니다. 왜냐하면 앞으로 미분에 대한 이야기를 내가 들려주게 되었기 때문이지요.

나는 책 읽기를 엄청 좋아합니다. 그건 어릴 적에 아버지를 따라 도서관을 자주 드나들었기 때문입니다. 어릴 적 습관은 평생 갑니다. 세 살 버릇이 여든까지 간다는, 걸핏하면 이 비유를 드는 어른들 말씀이 떠오르지요? 귀에 딱지가 앉을 정도로 많이 듣는 말입니다.

   나는 책을 많이 읽기도 하지만 엄청나게 많은 글을 쓰는 것으로도 유명합니다. 당연한 것 아니겠습니까? 많이 읽은 만큼 쓰고 싶은 것도 많은 것이 인지상정이지요. 인지상정이라는 말도 우리가 자주 듣는 말입니다. 인지상정이란 사람이면 누구나 가지는 보통의 마음입니다. 글을 많이 쓰기도 했고 또 많은 사람과 친하게 지내기도 했습니다. 내가 주로 사귄 사람들은 수학, 철학, 물리학, 신학 분야에서 일합니다. 대개 유럽의 학자가 많습니다. 그러던 중 나는 다른 수학자들의 기술과 나의 아이디어를 종합하여 일반적인 미적분학 이론을 만들어 냈습니다. 그리하여 나는 수학과 다른 분야에서도 이름을 날렸습니다. 기분이 매우 좋았습니다. 여러분도 자신이 열심히 하고 있는 일에서 이름을 날린다고 생각해 보세요. 얼마나 행복한 일인지 말입니다.

   나는 여러분 정도 되는 나이에 학교에서 역사, 라틴어, 그리스어, 신학, 논리학을 배웠습니다. 그리고 학창 시절에 책을 가리지 않고 읽었습니다. 그리고 대학에 진학하여 라틴어, 히브리어, 그리스어, 수사학을 공부했습니다. 공부한다고 그 흔한 소개팅이나 미팅 한 번 못 했습니다. 지금 생각하면 약간 아쉬움이 남기도 합니다.

이렇게 기초 지식을 쌓다가 대학을 마칠 즈음에는 법학 박사 학위를 받아 법대 교수로서의 삶을 준비했어요. 물론 그때도 수학에 대한 나의 관심은 여전했습니다. 어찌 보면 그 당시 수학에 대한 나의 열망이 무르익고 있었는지도 모르지요.

졸업 후 나는 왕실의 변호인이 되었습니다. 이 직업은 정말 여행을 많이 다니고 국제적인 학자를 많이 만나게 해 주었습니다. 공부도 많이 할 수 있어서 좋았습니다. 우스운 이야기지만 그때 잠시 일반 화학 물질을 금으로 바꾸는 연금술에 관심을 가졌습니다. 물론 실험을 성공한 것은 아닙니다.

나는 일생 동안 600명 이상의 동료와 만 오천 통의 편지를 주고받았습니다. 내가 쓴 것만 만 오천 통입니다. 요즘같이 이메일이 있었으면 얼마나 편했을까 하고 생각하기도 합니다. 하지만 나의 이진수 체계로 인해 컴퓨터가 탄생하였다니 기쁜 일입니다. 학자들과 주고받은 편지는 나의 학문의 폭을 넓혀 주었습니다. 사람들은 보통 서로 만날 때 자신의 타이틀을 자랑합니다. 나도 나의 타이틀을 좀 이야기하겠습니다. 나는 런던의 왕립 협회의 회원, 이탈리아 수학 협회인 수리 물리학 협회의 회원입니다. 아무나 되는 게 아니라서 좀 자랑하고 싶었습니다. 나도 인간인데 자랑을 조금만 할게요. 하하.

나는 그 아름답다는 파리에서 개인 변호 사업을 시작하면서 대부분의 시간을 수학 연구에 몰두하였습니다. 내 소개를 끝으로 여러분에게 하고 싶은 말은 내가 미분을 만들 수 있었던 것은 여러 수학자와의 폭넓은 교류와 독서에 대한 강한 열의, 아무리 작은 바늘구멍이라도 단번에 실을 꿸 것 같은 집중력으로 연구한 덕이었다고 말하고 싶습니다. 그래서 오늘날 미분으로 내가 여러분과 만날 수 있는 행운을 가진 것 같아 기분이 너무 좋습니다.

앞으로 미분을 여러분에게 잘 소개하고 싶습니다. 그리고 앞에서 《뉴턴이 들려주는 미분 1, 2 이야기》를 읽은 학생들은 이번 시간에 좀 더 이해력을 높일 수 있겠지만 혹시 읽지 않았더라도 이 책을 볼 때만이라도 바로 이해되도록 순간순간 최고의 해설을 위해 노력하겠습니다. 그리고 나를 도와 미분 수업에 도움을 줄 소림사에서 온 봉술의 달인 봉수리를 소개합니다. 앞으로 봉수리도 우리 수업을 위해 최선을 다할 것을 약속하며 나에 대한 이야기는 여기서 그만하겠습니다. 봉수리는 봉을 들고 나를 따라오세요.

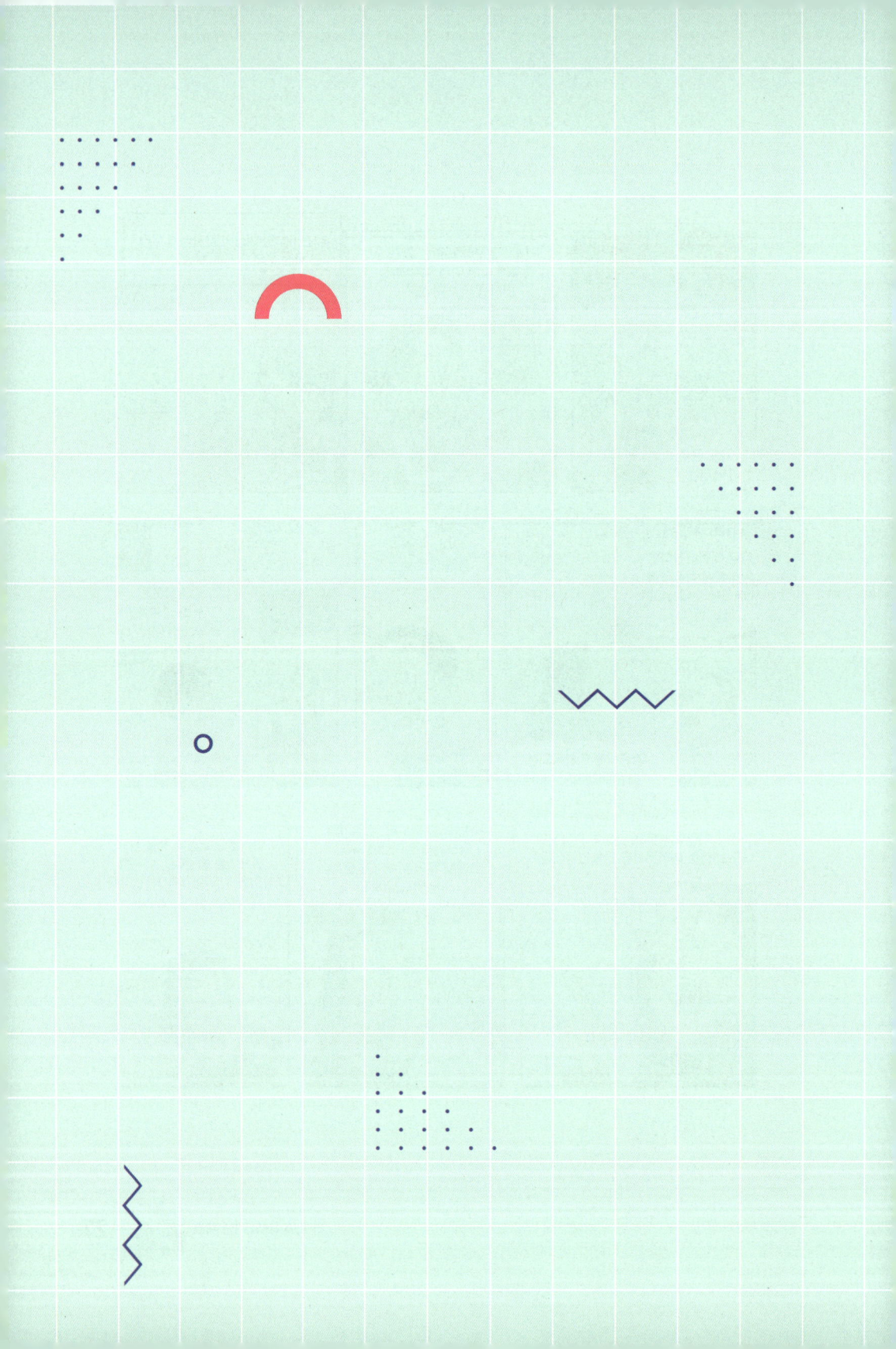

**1교시**

# 곡선의 접선
## −접선의 기울기

미분하는 방법과 접선의 기울기에 대해서 알아봅니다.

## 수업 목표

1. 미분하는 법을 알아봅니다.
2. 접선의 기울기와 미분의 관계를 살펴봅니다.
3. 미분의 계산법을 활용합니다.

### 미리 알면 좋아요

1. **기하학** 수학의 가장 오래된 분야 가운데 하나로 그 기원은 고대 이집트와 메소포타미아까지 거슬러 올라가며, 측량을 포함한 실제 문제를 해결하기 위한 노력에서 유래되었습니다.

2. **접선** 곡선상의 두 점 P, Q를 연결하는 직선을 가정하고, 점 Q가 이 곡선에 따라 한없이 점 P에 접근할 때의 직선 PQ의 극한의 위치 또는 그 자취를 말합니다.

3. **이차함수** 함수를 나타내는 식이 이차식인 함수. $y=ax^2+bx+c$(단, $a\neq0$)의 꼴을 가집니다.

# 라이프니츠의 첫 번째 수업

앞에서 읽은 미분 이야기의 마지막을 장식한 도함수를 이용하여 이번 수업의 이야기를 펼쳐 나가도록 하겠습니다. 도함수를 활용하여 접선의 방정식을 구하는 연습을 할 것입니다. 도함수에 대해 이야기를 좀 하는 것이 여러분에게 도움이 될 것 같습니다.

<mark>함수의 도함수</mark>란 기하학적으로 함수 그래프의 기울기이며 좀 더 정확하게는 한 점에서의 접선tangent line의 기울기입니다. 나는 개인적으로 접선의 기울기에 애정이 갑니다. 어떤 함수를

미분하여 찾고자 하는 수를 자리에 넣으면 그 수에 대한 접점의 기울기를 알 수가 있습니다. 이때 봉수리가 말로만 설명하는 것보다는 그림으로 나타내서 학생들을 이해시키자고 제안해서 그림을 그려 봅니다.

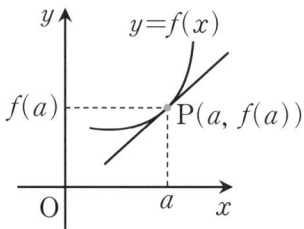

위 그림에서 곡선에 붙어 있는 그림이 보이나요? 곡선과 직선이 한 점에서 만나고 있지요? 한 점에서 얼마나 세게 만났으면 P피를 흘렸겠습니까? P! 그래서 그곳을 P라고 정했습니다. 이왕 이런 썰렁한 농담이 통하는 분위기라면 한마디 더 해 보겠습니다. 곡선과 직선이 만나는 곳을 $P(a, f(a))$라고 두는 이유는 P피가 나니 $a$아, $f(a)$파라고 말해서일까요? 나의 농담을 듣고 봉수리가 갑자기 화가 났는지 자신의 빡빡머리에 파란 핏줄을 세우며 봉을 이리저리 사납게 휘둘러 댑니다. 앞으로 농담도 봉수리 눈치를 봐 가면서 해야겠습니다.

　　미분계수의 기하학적인 의미를 되새기기 위해서 접선의 기울기에 대해 좀 더 구체적으로 알아보도록 합니다. 미분계수와 접선의 기울기라는 시를 한 편 읊어 보도록 하겠습니다. 오호, 곡선 $y=f(x)$가 매끄러운 생김새를 자랑합니다. 얼마나 매끄러운지 시를 한번 보도록 합시다.

갑자기 나타난 $x$좌표가 $a$인 점에서의 접선의 기울기를 말하노라. $f'(a)$에프 프라임 에이라고 노래 부른다.

그 소리가 그대에게 들리는가?

또 다른 목소리가 들려온다.

모든 점 $x$는 들어라.

임의의 점 $x$에서의 접선의 기울기는 $f'(x)$에프 프라임 엑스를 만족하리라.

　

미분계수 $f'(a)$를 구할 때는 그 정의를 이용하는 것보다 $f'(a)$의 계산을 먼저 하고 $x$에 $a$를 대입하여 알아보는 것이 훨씬 수월합니다. 이제부터 특별한 경우가 아니면 모두 그 방법으로 진행할 것입니다. 불만 있는 사람은 봉수리를 보세요. 봉수리가 봉을 사납게 휘두르다가 앞을 향해 봉 끝을 세웁니다. 접선의 기울기는 봉수리의 봉술로 알아보도록 합니다. 일단 매끄러운 곡선이 필요합니다. 매끄러운 곡선을 나타내는 함수는 많이 있습니다. 그중 간단한 이차함수가 있습니다. 물론 이차함수를 어려워하는 친구들도 있습니다. 안 배우면 누구라도 어려운 것이니 실망하지 않아도 좋습니다.

이차함수에 대해 말해 두겠습니다. 함수를 나타내는 식이 이차식인 함수 $y=ax^2+bx+c$(단, $a \neq 0$)의 꼴을 가집니다. 그림으로는 다음과 같습니다.

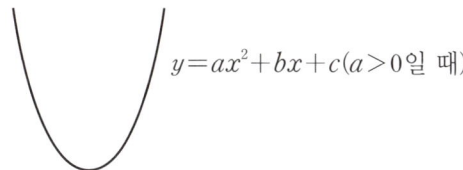

이 매끄러운 곡선에 봉수리의 봉을 탁 하고 대면 접점이 생기면서 접선이 생깁니다. 그게 바로 접선의 기울기입니다.

이제 이 접선의 기울기를 찾아내는 신나고 재미난 문제를 풀어 보고 싶지만 수학이 어디 신나고 재미날 수가 있겠습니까?

**문제 풀기**

> 매끄럽고 윤기 나는 곡선 $y=2x^2+4x-3$의 점 $(1, 3)$에서의 접선의 기울기를 구하시오.

접선의 기울기와 관계되는 것은 누구? 미. 분. 계. 수. 미분계수를 구하기 위해서는 매끄럽고 윤기 나는 곡선을 포기하기를 각오하고 식을 미분해야 합니다. 매끄럽고 윤기 나는 이차식을 미분하면 아주 딱딱하고 뻣뻣한 봉수리의 봉같이 길쭉하고 곧은 직선이 생깁니다.

그럼 $(1, 3)$에서의 접선의 기울기를 찾아보도록 합니다. 봉수리! 매끄러운 곡선을 한 대 쳐 주세요. 내가 당신의 봉에게 이 이차식을 칠 수 있도록 미분의 힘을 빌려드리겠습니다. 자, 힘을 느껴 보세요. $y=2x^2+4x-3$에서 미분의 힘을……. 그러면 $y'=4x+4$가 됩니다. 봉수리의 봉이 $y'=4x+4$처럼 딱딱한 직선의 정기를 받았습니다. 이 봉을 이용하여 다시 $y=2x^2+4x-3$이라는 곡선과 마주치도록 내려칠 것입니다. 앞에서 본 곡선에 접하는 직선의 그림을 떠올려 주세요. 수학의 힘도 때로는 이미지가 필요합니다.

$y'=4x+4$라는 직선이 $y=2x^2+4x-3$과 만나는 한 장소가 어디일까요? 앞에서 지정해 주었습니다. (1, 3)이라고요. 여기서 우리에게 도움을 주는 것은 $x$의 좌푯값인 1입니다. 1을 봉수리의 봉 $y'=4x+4$의 $x$ 자리에 대입합니다. 대입하면, $y'=4\times 1+4=8$이 됩니다. 따라서 곡선 $y=2x^2+4x-3$ 위에 주어진 (1, 3)에서의 접선의 기울기는 8이 됩니다. 미분을 이용하면 금방 구할 수가 있습니다. 이 편리한 방법을 하나의 격언으로 남겨 보도록 합니다.

> 곡선 $y=f(x)$ 위의 점 $(a, f(a))$에서의 접선의 기울기는 $f'(a)$이다.

아직도 미분계수 마을에서는 이 전설의 격언이 대대로 전해 내려오고 있습니다. 그래서 그들의 후손은 $y=x^3-2x+1$이라는 어려운 삼차방정식을 그래프도 그려 보지 않고 (2, 5)에서의 접선의 기울기를 누워서 떡 먹듯이 쉽게 구할 수 있습니다. 봉수리가 삼차방정식의 기울기를 구할 수 있다는 말에 상당히 놀란 척을 합니다. 하긴 봉수리는 삼차방정식이 무엇인지도 모르니까요. 하지만 뭔가 대단할 것 같다고 생각하고 있습니다.

$x$의 최고차항의 차수가 3인 방정식을 삼차방정식이라고 합니다. 삼차건 사차건 미분은 모두 상대할 수 있습니다. 미분의 마음은 오직 하나입니다. $y=x^3-2x+1$을 미분해 보겠습니다. 미분하면 그 결과는 $y'=3x^2-2$입니다.《미분 1 이야기》에서 미분법에 대해서 배웠지요. 물론 모르는 친구들도 있을 것입니다. 그래서 잠시 다루어 보겠습니다. 나와 주세요, 미분법!

$y=x^3-2x+1$을 미분하는 장면을 천천히 보여 주겠습니다. $y=x^3-2x+1$을 미분하면 먼저 $y$가 $y'$와이 프라임으로 바뀝니다. 미분을 위한 변신이지요. 그리고 $x^3$, $-2x$, $+1$이 각각 미분합니다. 따로따로 미분해도 크게 문제 삼지 않기로 다짐했습니다. 우선 $x^3$을 미분하면, 문자의 차수 3을 낭떠러지에서 밀어 버리듯이 앞으로 밀어 떨어뜨리고 차수 3에서 1을 빼서 적어 줍니다. $3x^{3-1}=3x^2$으로 말입니다. 그다음 $-2x$는 실수배의 미분으로 $-2\times 1\times x^{1-1}=-2\times x^0=-2$입니다. 이 풀이는 국내에서 생산된 풀이 중 가장 쉬운 풀이입니다. $x^0=1$입니다. 이 약속은 그리스의 신 제우스에게 양고기를 걸고 약속한 내용입니다.

두 번째 항까지 미분했습니다. 이제 마지막 남은 하나의 항인 $-2$를 미분하도록 합니다. 상수항의 미분은 언제 어디서나 누구를 막론하고 0입니다. 따라서 나온 결과를 정리해 보면 $y'=3x^2-2$로 미분됩니다. 여기에서 $x$ 자리에 2를 대입해서 구해 내면 그 결과는 $y'_{x=2}=3\times4-2=10$으로, 접선의 기울기는 10이 됩니다.

　이제 좀 재미난 접선의 기울기를 알아보도록 하지요. 봉수리의 등장입니다. 봉수리는 무술을 하는 사람이지만 스케이트보드도 잘 탑니다. 그는 이차함수 모양 ∪의 지형에서도 스케이트보드를 잘 탑니다. 하지만 이상하게도 봉수리는 접선의 기울기가 4인 지점에서 간혹 실수하곤 합니다. 곡선이 $y = x^2 - 2x$ 일명 이차함수라고 하고 이 함수 위 점에서의 접선의 기울기가 4인 지점의 좌표를 구해 보도록 합니다. 좌표를 구해서 왜 봉수리가 그곳에서 실수하는지 알아보도록 합니다. 접선의 기울기가 4라는 것은 알고 있으니 $y = x^2 - 2x$를 미분하여 보겠습니다. 그 결과는 $y' = 2x - 2$입니다. 이렇게 나오는 계산 방법은 앞에서 설명했습니다. 알고 있지요? 조금 전에 설명한 것을 아직도 이해 못 하는 친구가 있습니다. 뭐, 괜찮습니다. 차근차근 따라오세요. 따라서 $2x - 2 = 4$로 둘 수 있습니다. 계산해 보면 $2x = 6$, $x = 3$입니다. 기울기가 4인 지점의 $x$의 값이 3입니다. 그럼 그 지점의 좌표를 구하려면 $x$의 값 3을 들고 어디로 가야 할까요? $y' = 2x - 2$로 들고 왔습니다. 그러자 $y'$이 비웃으며 말합니다.

　"여기로 들고 오면 어떡해. 나는 미분계수를 구하기 위한 식

이야. 저리 가, 멍청아!"

어리석은 $x$의 값 3은 울고 있습니다. 이때, $y=x^2-2x$가 나타나서 그의 어깨를 어루만져 줍니다.

"얘야, 울지 마라. 다들 한 번씩은 그런 실수를 한단다. 고등학교 다니는 형들에게 물어봐. 그들도 한 번씩은 그런 실수를 했어. 실망하지 말고 나의 식 $x$ 자리에 너의 3을 대입하여 $y$를 구해 보렴."

눈물을 닦은 3은 힘을 내어 $y=x^2-2x$의 $x$ 자리에 3을 대입합니다. 그러면 그 결과는 어떻게 나올까요? $y=3^2-2\times3=9-6=3$이 됩니다. 그러고 보니 $y$의 값이 우연히 3이네요. 그리하여 우리는 봉수리가 자주 실수하는 지점의 좌표를 알게 되었습니다. 그 지점은 (3, 3)입니다. 직접 가서 조사해 보니 그 지점에 누가 양초를 발라 두었습니다. 이건 필시 봉수리를 시기한 누군가의 소행일 것입니다. 그 소행을 한 녀석은 누구일까요? 하지만 우리는 이 책이 끝날 때까지 그 범인을 알아낼 수 없습니다. 범인을 찾는 것이 우리 책의 목적이 아니기 때문입니다. 우리의 목적은 어떻게 하면 미분을 쉽게 배울 수 있을 것인가 하는 것입니다.

    함수 $y=f(x)$의 $x=a$에서의 접선의 기울기 $f'(a)$는 미분계수의 정의를 이용하는 것보다 미분법을 이용하여 $f'(x)$를 구한 후, $x$ 대신 $a$를 대입하는 것이 편리합니다. 물론 미분계수의 정의를 이용하고 싶다는 삐딱한 친구도 있습니다. 그럼 여러분이 판단해 보세요. 미분계수의 정의를 보여 주겠습니다.

### 미분계수

함수 $f(x)$의 $x=a$에서의 미분계수는

$$f'(a)=\lim_{\Delta x \to 0}\frac{f(a+\Delta x)-f(a)}{\Delta x}$$

여러분은 극한 기호 lim, 리미트와 $\Delta$ 델타라는 어려운 기호가 있는 방식을 원합니까? 진정으로 그런 마음은 없을 것입니다. 미분법이라는 쉬운 것을 놔두고 사서 고생하고 싶지는 않을 것입니다. 왜냐하면 우리는 수학 고행 수행자가 아니기 때문입니다.

《뉴턴이 들려주는 미분 1 이야기》에서 배운 미분계수의 정의를 이용하는 방법을 뒤로하고 현재 배우고 있는 미분법을 가지고 접선의 기울기를 알아봅시다.

곡선 $f(x)=ax^3+bx^2+cx$ 위의 두 점 $(1, 3)$, $(2, 0)$에서의 접선의 기울기가 같을 때, 상수 $a, b, c$의 값을 구해 보겠습니다. 상수라는 말은 언제나 일정한 값을 갖는 수라는 뜻입니다. 그에 대한 상대적 개념으로 변수가 있습니다. 이 친구들은 어떠한 상황에 따라 반응하면서 바뀌는 수입니다. 그래서 변수라고 불리는 것이고요. 그럼 소나무처럼 한결같이 변함없는 상수 $a$, $b$, $c$를 알아보도록 합니다. 언제나 방법은 미분을 이용하는 것입니다. 곡선의 기울기는 언제나 미분의 참맛을 느끼게 해 줄 것입니다. 나도 200년째 사용하고 있답니다.

 곡선 $f(x)$ 위의 두 점 $(1, 3), (2, 0)$이라는 말은 곡선 $f(x)$가 두 점 $(1, 3), (2, 0)$을 지난다는 것을 의미합니다. 위의 점이라는 말은 수학에서 그 점을 지난다는 뜻입니다. 예를 들어 음식을 먹어 그 음식물이 위장에 있다면 음식물은 위장을 지난다고 볼 수 있지요. 같은 의미에서, 어떤 점이 선 위에 있으면 그 선을 지난다는 뜻입니다. 그럼 문제 풀이 들어갑니다.

 $f(x) = ax^3 + bx^2 + cx$에서 $f'(x) = 3ax^2 + 2bx + c$로 미분됩니다. $f(x)$는 함수를 나타내는 기호이고 $f'(x)$는 그 함수의 미분을 나타내는 기호입니다. 읽는 방법은 알고 있나요? 에프 프라임 엑스라고 읽습니다. 문제의 조건에서 $f(1) = 3, f(2) = 0$, 앞의 식에서 $x$의 좌표 1과 2에서의 접선의 기울기가 같다고 했으므로 미분하여 대입한 $f'(1) = f'(2)$가 성립합니다. 이것을 식으로 나타내면 $3a + 2b + c = 12a + 4b + c$가 됩니다. 그다음으로 $f(1) = 3, f(2) = 0$에서 식을 만들어 내면 $a + b + c = 3$,

$8a+4b+2c=0$입니다. 이 세 종류의 식을 연립하여 $a=2$, $b=-9, c=10$임을 알 수 있습니다.

## 수업정리

❶ 함수의 도함수란 기하학적으로 함수 그래프의 기울기이며 좀 더 정확하게는 한 점에서의 접선tangent line의 기울기입니다.

❷ 곡선 $y=f(x)$ 위의 점 $(a, f(a))$에서의 접선의 기울기는 $f'(a)$입니다.

❸ **미분계수**

함수 $f(x)$의 $x=a$에서의 미분계수는
$f'(a) = \lim\limits_{\Delta x \to 0} \dfrac{f(a+\Delta x) - f(a)}{\Delta x}$ 입니다.

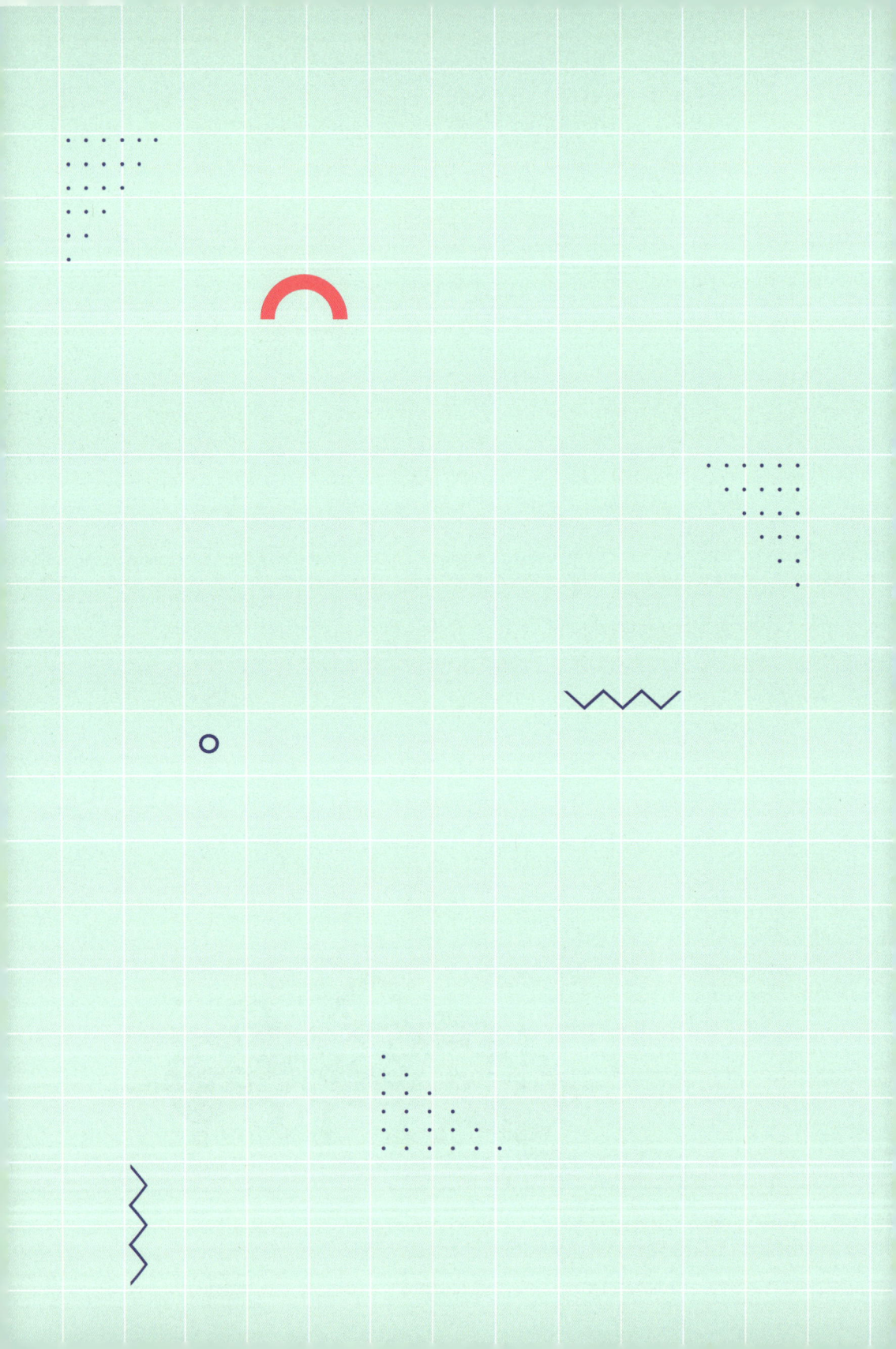

## 2교시

# 봉수리의 봉술로 배우는 접선의 방정식

접선의 방정식과 법선의 방정식에 대해서 알아봅니다.

## 수업 목표

1. 접선의 방정식에 대하여 알아봅니다.
2. 법선의 방정식에 대하여 알아봅니다.

### 미리 알면 좋아요

1. **뉴턴** 17세기 과학 혁명의 상징적인 인물입니다. 광학, 역학, 수학 분야에서 뛰어난 업적을 남겼고, 1687년에 출판된 《자연 철학의 수학적 원리 Philosophiæ Naturalis Principia Mathematica》는 근대 과학에서 가장 중요한 책으로 꼽힙니다.

2. **방정식** 어떤 문자가 특정한 값을 취할 때에만 성립하는 등식입니다.

3. **삼각비** 직각삼각형의 세 변 가운데 어느 두 변을 취하여 만든 비의 값입니다. 사인, 코사인, 탄젠트, 시컨트, 코시컨트, 코탄젠트가 있습니다.

# 라이프니츠의
# 두 번째 수업

　나는 봉수리와 함께 옛날에 뉴턴이 떨어지는 사과를 보고 만유인력을 깨달은 그 나무로 가 보았습니다. 날씨가 흐렸지만 비는 오지 않았습니다. 이런 날에는 따뜻한 방바닥에 배를 깔고 과자를 먹으면서 만화책을 읽으면 시간 가는 줄 모릅니다. 그런 환상에 젖어 있는 것도 잠시, 봉수리와 나는 정말 오금이 저릴 정도로 깜짝 놀랐습니다. 왜냐하면 그 사과나무에 기다란 뱀이 한 마리 걸려 있었기 때문입니다.

　　봉수리도 놀랐지만 무인이라 일반인보다는 심장이 강합니다. 봉을 집어 들어 그 뱀을 치려고 합니다. 하지만 나는 봉수리를 말렸습니다. 왜냐하면 뉴턴이 만유인력을 발견할 때만큼은 아니지만 멋진 아이디어가 내 머리를 스쳐 갔기 때문입니다.

뱀이 나뭇가지에 걸린 모습에서 나는 접선의 방정식에 대한 아이디어를 얻었습니다. 정말 기분 좋은 순간입니다. 나는 나의 아이디어를 봉수리에게 설명해 주려고 합니다. 하지만 수학을 잘 모르는 봉수리에게는 일단 접선의 방정식에 관한 그림을 하나 보여 주는 게 우선인 것 같습니다.

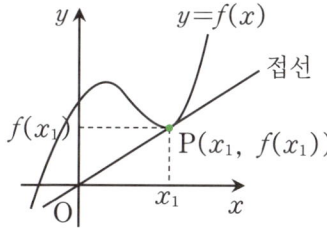

내가 보여 준 그림을 보고 다시 뱀이 나무에 걸려 있는 모습

을 보라고 했습니다. 그러자 봉수리도 뭔가를 깨달았는지 한마디 합니다.

"징그러워요."

헉! 그런 시각에서 뱀을 보라고 한 것이 아닙니다. 내가 다시 잘 생각하며 쳐다보라고 하자 그제야 봉수리도 깨닫습니다. 뱀이 곡선 $f(x)$를 나타내고 뱀이 기대고 있는 나뭇가지가 우리가 오늘 공부할 '접선'입니다.

$f(x)$는 함수입니다. 이 뱀 모양의 함수는 삼차함수의 모양이라고 볼 수 있습니다. 함수의 그래프란 $x$의 값에 따라 변화하는 $y$의 값을 나타내는 그래프입니다.

이 함수는 뱀의 모양을 하고 있습니다. 나는 이 뱀의 이름을 정해 주고 싶습니다. 그래프, 즉 뱀의 모습이 삼차함수의 모습이니까 그 이름에 반드시 $x^3$이 들어가야 합니다. 삼차함수에서 $x^3$을 빠뜨리면 안 되니까요. 그래서 나는 이 뱀의 이름을 $y=x^3-3x$라고 정했습니다. 이름이 '와이는 엑스 세제곱 빼기 삼엑스'입니다. 뱀이니까 이름도 좀 길게 지었습니다. 이 뱀이 나뭇가지와 맞닿아 있는 지점 $x=2$에서 접선의 기울기를 구해 보도록 합니다.

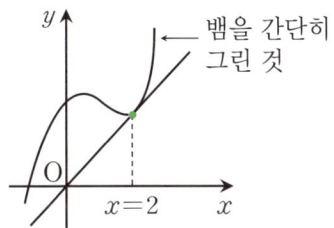
← 뱀을 간단히 그린 것

　접선의 기울기는 미분계수와 같으므로 $y=$…… 잠깐, 다시 한번 말하지만 $y=f(x)$와 같은 말입니다. $y=f(x)$라는 말은 $x$에 대응된 $y$의 값을 나타내는 함수를 뜻하는 기호적 표현입니다. 그래서 $y$만 쓰기도 하고 $f(x)$로만 쓰기도 하는 것입니다. 헷갈리게 왜 두 개를 같이 사용하는지 나 역시 잘 모르겠습니다. 계란과 달걀이라는 단어처럼 말입니다. 이번에는 $y$ 대신 $f(x)$로 표현하겠습니다.

　$f(x)=x^3-3x$입니다. 앞에서 말한 뱀의 이름이기도 하고요. 이것을 일단 미분하겠습니다. $f'(x)=3x^2-3$에서 접선의 기울기를 구하기 위해 미분한 $x$ 자리에 아까 말한 $x=2$를 대입합니다. 그랬더니 $3x^2-3=3\times 2^2-3=12-3=9$가 됩니다. 따라서 접선의 기울기는 9입니다. 즉, $x=2$에서의 접선의 기울기는 9가 나왔습니다.

　이번에는 봉수리가 접선의 기울기를 알았으니 뱀이 기대어 있는 그 지점의 좌표를 정확히 알아보자고 합니다. 그 지점을 내리치면 뱀이 떨어질 것이라고 생각했나 봅니다. 그래서 우리는 그 지점의 좌표를 알아보기로 합니다. 앞에서 $x=2$라고 하였기 때문에 이 지점의 좌표를 구하는 것은 어렵지 않습니다. 단, 우리가 대입해야 할 식이 나뭇가지가 아니라 뱀이라는 사실만 잊지 않으면 되니까요. 지난 시간에 배웠듯이 좌표를 구할 때는 원래의 식에 대입해야지 미분된 식에 대입하면 안 된다는 것을 알아 두세요. 그래서 원래 식인 뱀의 이름에 $x=2$를 대입하여 정리하면 $f(x)=x^3-3x, f(2)=2^3-3\times 2=8-6=2$가 됩니다. $f(2)$가 바로 $y$의 값이니까 점의 좌표는 $(2, 2)$가 되는 것이지요. 따라서 뱀이라는 포물선 $y=x^3-3x$ 위의 $x=2$인 점의 좌표는 $(2, 2)$가 됩니다. 우리는 이 두 가지 사실을 가지고 뱀이 기대어 있는 나뭇가지, 접선의 방정식을 구해 보도록 하겠습니다. 앞에서 알아낸, 기울기가 9라는 것과 점 $(2, 2)$를 지난다는 것을 가지고 우리가 알 수 있는 직선은 $y-2=9(x-2)$입니다. 이 식은 직선의 방정식을 나타내는 공식에 따라 만들었습니다. 공식으로 생겨난 식을 정리해 보면, $y=9x-16$입니다.

 여러분에게 좀 슬프고 끔찍한 장면을 보여 줄 수밖에 없는 나의 마음을 헤아려 주세요. 이 사과나무가 있는 장소는 아이들이 많이 다니는 장소라 이 뱀이 아이들에게 위협이 될 것이라는 판단하에 봉수리와 나는 이 뱀을 죽이기로 했습니다. 독사인지는 모르겠지만 우리는 독사라고 생각하기로 했습니다. 그래야 이 뱀을 죽여도 마음이 덜 아플 것 같습니다. 이 뱀을 죽이는 방법으로는 봉수리의 봉으로 쳐서 죽이기로 했습니다. 뱀이 고통을 덜 받게 하기 위하여 우리는 한 방에 뱀을 죽일 방법을 생각합니다. 그 방법은 뱀이 나뭇가지 위에 대고 있는 부분을 치기로 했습니다. 그러니까 앞에서 구한 접점 (2, 2)를 말입니다. 하지만 뱀도 우리 수업의 일부였으므로 뱀을 치는 봉을 나뭇가지와 직각을 이루는 방정식, 즉 법선의 방정식으로 만들어 내려쳐서 죽이기로 했습니다. 아무래도 수학적인 이유여야 당하는 뱀도 덜 억울하리라 생각했습니다.

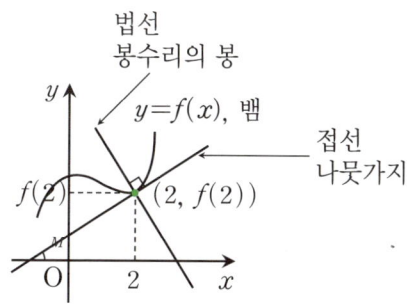

　뱀도 법선의 방정식에 맞아 죽는 것이 자신의 자존심을 지키는 길이라 생각할 것입니다. 법선의 방정식이 바로 봉수리의 봉을 나타냅니다. 그럼 이제 뱀은 잠시 잊고 법선의 방정식을 구해 보도록 합니다. 먼저 법선의 방정식이 무엇인지 알아볼까요?

### 법선의 방정식

접점을 지나고 접선과 수직인 직선을 법선이라고 합니다.

- 법선의 기울기 : $-\dfrac{1}{f'(a)}$ (단, $f'(a) \neq 0$)
- 법선의 방정식 : $y - f(a) = -\dfrac{1}{f'(a)}(x-a)$

드디어 법선의 방정식과 한판을 합니다. 앞에서 구한 접선의 방정식은 $y = 9x - 16$이었습니다. 따라서 법선의 기울기는 $-\dfrac{1}{9}$이 됩니다. 수직인 직선의 기울기는 기울기의 역수와 부호가 반대라는 것을 이용해도 됩니다. 법선 역시 접점 $(2, 2)$를 지나므로 직선의 방정식은 $y - 2 = -\dfrac{1}{9}(x-2)$입니다. 따라서 직선의 방정식에 대한 법선의 방정식은 $y = -\dfrac{1}{9}x + \dfrac{20}{9}$이 됩니다. $y = -\dfrac{1}{9}x + \dfrac{20}{9}$이라는 장엄한 법선의 방정식에 죽음을 맞이한 뱀이었습니다. 뱀의 죽음을 애도하며 잠시 묵념하세요. 뱀도 자신의 죽음을 영광이라고 생각할 것입니다.

그럼 접선의 방정식을 정리해 보고 그 그래프의 모습도 한번 살펴보도록 하겠습니다.

다항함수 $y=f(x)$의 그래프 위의 점 $P(a, b)$에서
(1) 접선의 기울기는 $\tan\alpha = f'(a)$
(2) 접선의 방정식은 $y-b=f'(a)(x-a)$

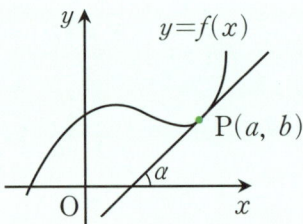

접선의 기울기를 구할 때는 tan탄젠트를 이용합니다. tan의 절친한 동료로는 sin사인, cos코사인이 있습니다. 그들은 삼각비의 삼총사라고 불립니다. 그들이 힘을 합하여 삼각형을 물리치는 장면은 수학계에서 유명한 전설입니다.

　사실 접선의 방정식은 판별식이라는 독특한 녀석을 이용하여 구하기도 합니다. 하지만 판별식을 이용하는 것보다는 미분계수를 이용하는 것이 훨씬 쉽습니다. 미분계수를 이용하는 방법에 비하여 판별식을 이용하는 방법은 구식입니다. 그뿐만 아니라 삼차함수, 사차함수, ……와 같은 일반적인 함수에 대해서는 판별식을 사용할 수 없습니다. 따라서 미분을 배운 여러분은 이제 접선의 기울기는 미분에게 맡기세요. 애프터서비스도 정말 잘해 준답니다.

　그럼 이제 접선의 방정식을 구하는 방법에 대해 알아보도록 하겠습니다. 곡선 $y=x^3+1$에 접하고, 기울기가 3인 접선의 방정식을 살펴보겠습니다.

우선 $y$를 $f(x)$로 살짝 바꾸는 센스! $f(x)=x^3+1$을 미분하면 $f'(x)=3x^2$이 됩니다. 상수항이 미분으로 사라졌습니다. 접점의 좌표를 $(a, a^3+1)$이라 하면 $f'(a)=3a^2$으로 $x$를 대신하여 접점에서 따온 $a$로 수혈합니다. 그래서 $x$가 흐르는 모든 곳은 $a$로 바뀝니다. 체질이 완전히 개선된 상태가 되는 셈이지요. 이런 상태의 $3a^2=3$으로 둘 수가 있습니다. 주어진 조건에서 기울기가 3이라고 했기 때문이지요. $3a^3=3$이 계산되는 과정을 보면 다음과 같습니다.

$$3a^2=3,\ a^2=1,\ a=\pm 1$$

따라서 접점의 좌표는 $(1, 2)$와 $(-1, 0)$으로 나타납니다. 물론 $y$의 값은 $y=x^3+1$에 대입하여 찾아야 됩니다. 그래서 구하려는 접선의 방정식은 $y-2=3(x-1)$, $y=3(x-(-1))$, 즉 $y=3x-1$ 또는 $y=3x+3$입니다.

그래프를 보면 좀 더 알기 쉽게 이해할 수 있겠죠? 다음의 그래프를 통해서 한번 살펴보도록 하겠습니다.

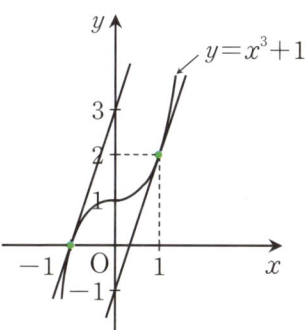

접선의 방정식을 정복하려면 두 가지 유형으로 각각 구별하여 알아보아야 합니다. 첫 번째 유형은 곡선 위의 점을 알고 있을 때, 두 번째 유형은 곡선 밖으로 점이 가출한 경우입니다. 가출했다는 말은 곡선 밖에 점이 주어졌다는 뜻입니다.

우선, 첫 번째 유형에 대해 알아보겠습니다. 곡선 또는 포물선 $y=x^2-x-2$ 위의 점 A$(1, -2)$에서의 접선의 방정식을 구해 보도록 합니다. 일단 그림을 보세요.

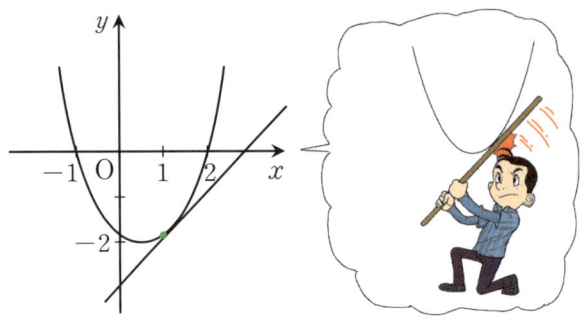

문제를 풀기에 앞서 점 $(1, -2)$가 과연 포물선 $(1, -2)$ 위의 점인지 알아보도록 합니다. 어떻게 알 수 있을까요? 봉수리가 하품합니다. 입을 크게 벌리고서……. 그렇습니다. 봉수리가 답을 말했습니다. '대입'입니다. 그런데 왜 봉수리가 답을 말했다고 했을까요? 그가 하품을 한다고 입을 크게 벌린 그 모양이 바로 큰 입, 대입을 상징한 것입니다, 하하하. $y=x^2-x-2$에 (1, $-2$)를 대입하면 $-2=1^2-1-2$가 됩니다. 대입한 결과 좌변의 값과 우변의 값이 일치합니다. 그럼 $y=x^2-x-2$ 위에 (1, $-2$)가 있는 것입니다. 대입하여 양변의 결과가 같아지면 위에 있다고 볼 수 있습니다.

 이제 풀이 들어갑니다. $y$ 대신에 함수의 기호 $f(x)$로 바꾸어 놓습니다. $f(x)=x^2-x-2$로 놓아두고 미분합니다. $f'(x)=2x-1$이므로, 점 A(1, $-2$)에서의 접선의 기울기는 바로 $f'(1)=2\times1-1=1$이 됩니다. 따라서 구하는 접선은 점 A(1, $-2$)를 지나고 기울기가 1인 직선이므로 $y-(-2)=1\times(x-1)$이 됩니다. 이 식을 정리하면 $y=x-3$입니다.

 이제 두 번째 유형에 대해 알아보도록 합니다. 앞에서도 이야기했듯이 두 번째 유형은 곡선 밖의 한 점에서 그은 접선의 방정식입니다. 곡선 밖의 한 점에서 그 곡선에 그어지는 직선은 두 개가 생깁니다. 즉, 봉수리의 봉으로 두 대를 맞게 되는 경우입니다. 봉수리의 봉은 한 대만 맞아도 몹시 아픈데 두 대를 맞는다면 얼마나 아프겠습니까? 정말 끔찍한 경우입니다. 그런 경우를 살펴보도록 합니다.

점 P(1, −1)에서 곡선 $y=x^2-x$에 그은 접선의 방정식을 구하여 봅니다. 그런데 과연 점 P(1, −1)이 곡선 $y=x^2-x$ 위에 있지 않다는 것을 어떻게 알 수 있을까요? 봉수리가 마침 하품합니다. 그렇습니다. $y=x^2-x$에 대입시켜 보면 알 수 있습니다. 점 (1, −1)을 $y=x^2-x$가 삼킵니다. 그 결과, $-1 \neq 1^2-1$이 됩니다. 윽, 소화가 잘되지 않습니다. 좌변의 값과 우변의 값이 다릅니다. 그래서 다음과 같습니다.

$$-1(좌변의\ 결과) \neq 0(우변의\ 결과)$$

좌변의 결과와 우변의 결과가 다르면 그 점은 곡선 위의 점이 아닙니다. 곡선 밖에 접선을 그으면 두 개가 생기므로 봉수리의 봉을 두 대나 맞게 됩니다. 일단 그림을 보도록 합니다.

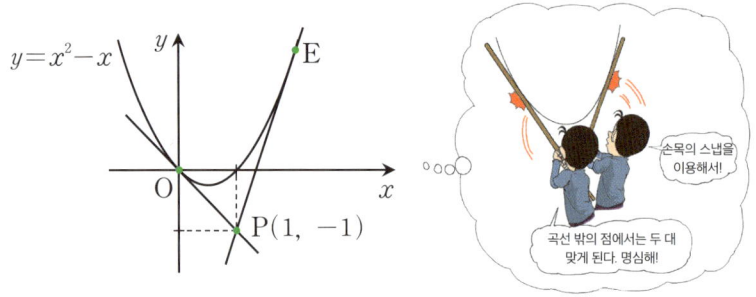

두 대를 맞는다는 말은 접점이 두 개 생긴다는 뜻입니다. 그리고 당연한 말이지만 접선의 방정식도 두 개 생기지요. 그럼 이 그림을 이미지화하면서 풀이에 들어갑니다.

접점의 좌표를 $E(a, a^2-a)$라고 합시다. $a$는 그렇게 약속한 것이고 $a^2-a$는 곡선의 식에 $a$를 대입하여 나온 결과입니다. 이제 $y$ 대신에 $f(x)$로 두고 식을 보겠습니다. 그러면 $f(x)=x^2-x$가 됩니다. 그다음 동작은 이제 말하지 않아도 당연히 알겠지요? 미분합니다. $f'(x)=2x-1$입니다. 이 식을 보면 알 수 있듯이 미분을 나타내는 기호는 ′프라임이 들어갑니다. 접점의 좌표 $E(a, a^2-a)$에서 $x$좌표를 위의 미분된 식에 대입합니다. 그러면 $f'(a)=2a-1$로 변신합니다. 접선의 방정식을 구하기 위한 변신입니다. 따라서 구하는 접선의 방정식은 $y-(a^2-a)=(2a-1)(x-a)$가 됩니다. 정리해 보면, $y=(2a-1)x-a^2$이 되는 것을 알 수 있습니다.

여기서 접선 $y=(2a-1)x-a^2$이 점 $E(1, -1)$을 지나므로 대입합니다. 접선이 점을 지나면 대입하는 것 알고 있지요? 대입하면 $-1=(2a-1)-a^2$이 됩니다. 따라서 $a=0$ 또는 $a=2$가 나옵니다. 이것이 바로 이차방정식을 푼 결과입니다. 이차방정식의 풀이는 《콰리즈미가 들려주는 이차방정식 이야기》를 참고하세요. 정말 재미있는 책입니다.

따라서 $y=(2a-1)x-a^2$이라는 식의 $a$ 자리에 각각 $a=0, a=2$를 대입하면, 구하는 접선의 방정식은 $y=-x$ 또는 $y=3x-4$입니다. 두 개의 접선의 방정식은 모두 봉수리의 봉술로 표현이 가능합니다. 이번 수업을 모두 마칩니다. 다음 시간에 또 만나요.

## 수업정리

**❶ 법선의 방정식**

접점을 지나고 접선과 수직인 직선을 법선이라고 합니다.

$$\begin{cases} \text{법선의 기울기}: -\dfrac{1}{f'(a)} \ (단, f'(a)\neq 0) \\ \text{법선의 방정식}: y-f(a)=-\dfrac{1}{f'(a)}(x-a) \end{cases}$$

**❷** 다항함수 $y=f(x)$의 그래프 위의 점 $P(a,b)$에서

$$\begin{cases} \text{접선의 기울기}: \tan\alpha = f'(a) \\ \text{접선의 방정식}: y-b=f'(a)(x-a) \end{cases}$$

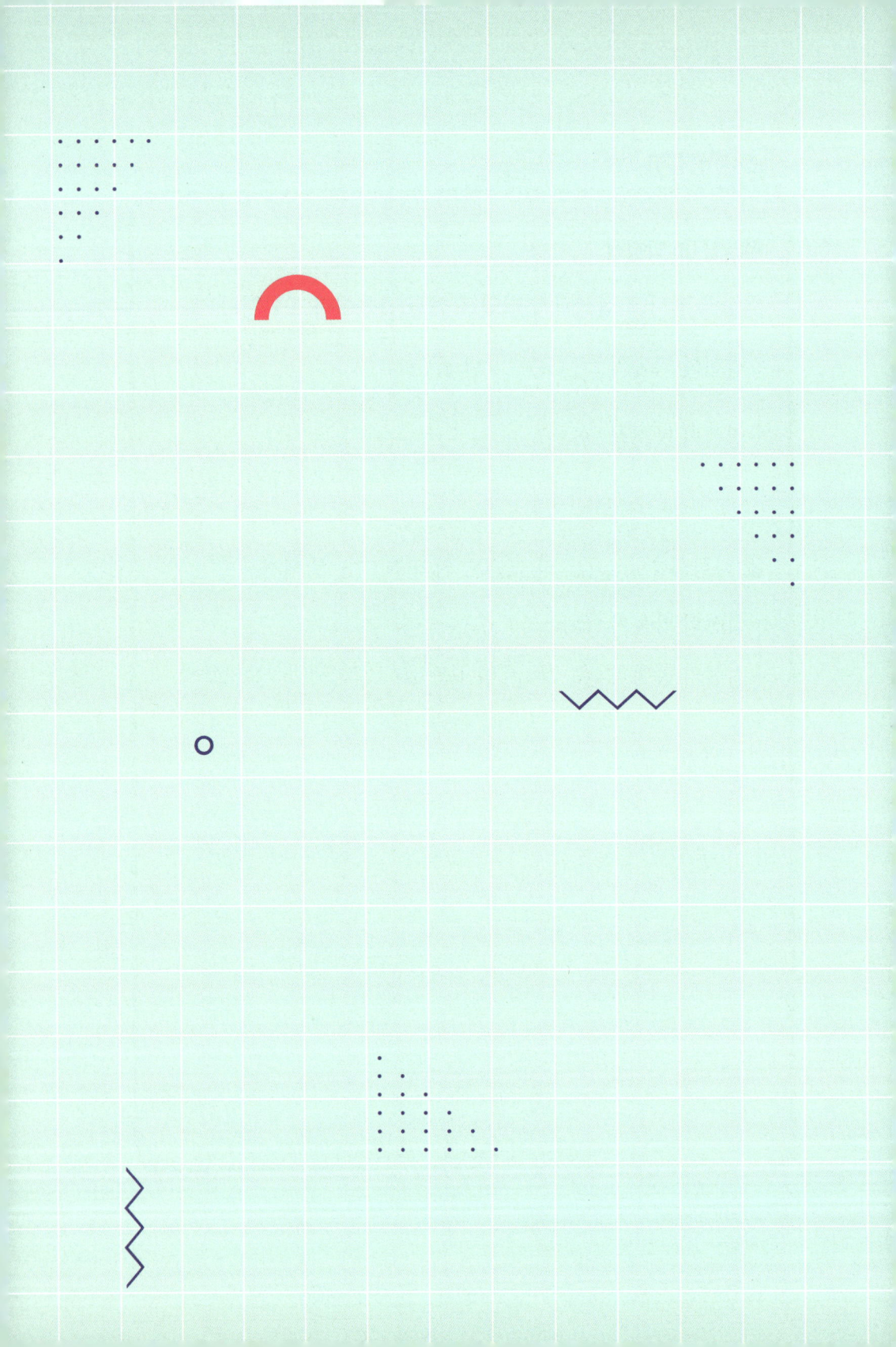

## 3교시

# 함수의 증가와 감소를 금방 알아내는 미분

함수의 증가상태와 감소상태에 대해서 알아봅니다.

## 수업 목표

1. 함수의 증가상태와 감소상태를 알아봅니다.
2. 증가상태와 감소상태를 미분을 통하여 배워봅니다.

### 미리 알면 좋아요

**좌표평면** 좌표계가 정해진 평면입니다. 평면의 각 점에는 두 수로 된 한 쌍의 좌표가 대응합니다. 이것을 이용하여 도형의 성질을 로그 계산에 의하여 연구할 수 있습니다.

## 라이프니츠의 세 번째 수업

봉수리와 나는 함수에 대한 이야기를 하며 좌표평면$x$축과 $y$축이 그려진 함수를 그릴 수 있는 평면에 함수를 붓으로 그리고 있습니다. 수학을 연구하는 사람이라면 누구나 정신을 수양하기 위하여 좌표평면에 함수를 그리곤 합니다. 나와 같은 수학자들은 함수를 잘 그리기 위해 주로 이차함수를 가지고 많이 연습합니다. 이차함수는 좌우대칭이 되는 함수로, 그래프의 올림과 내림을 연습하기에 적당한 함수라고 할 수 있습니다. 물론 좌우대칭을 연습하기에도 적합하지요. 개인적으로 내가 자주 연습하는 이차함수를 가지고 함수의 증가와 감소를 설명해 보겠습니다.

이 말을 처음 듣는 학생은 의미를 바로 깨닫기 쉽지 않습니다. 화선지에 그려 놓은 나의 그림을 한번 보세요. 이해력을 상승시켜 줄 것입니다.

### 함수의 증가와 감소

함수 $f(x)=x^2$에서 $(0, \infty)$인 구간에서는 $x$가 증가함에 따라 $f(x)$가 증가합니다. 이때 이 구간에 속하는 임의의 두 수 $a, b$에 대하여, $a<b$일 때, $f(a)<f(b)$가 성립합니다.

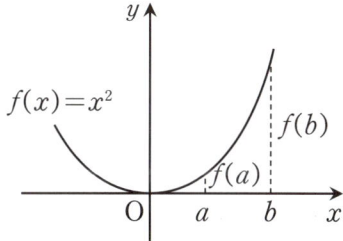

그림을 보면서 좌뇌에 자극을 좀 느꼈나요? 그렇다면 이번에는 우뇌에 자극을 주기 위한 설명을 좀 더 덧붙여 보도록 하겠습니다. 우선 $(0, \infty)$ 기호가 의미하는 바는 이차함수 $f(x)=x^2$의 오른쪽 영역을 의미합니다. 0에서부터 오른쪽으로 무한대로 나아간다는 의미입니다. 정리해서 말하면 0을 기준으로 오른쪽이라는 뜻입니다. 다시 그림으로 눈길을 돌려 보면 $a$보다 $b$가 더 큰 상태에서 $a$에 대응된 $f(a)$보다 $b$에 대응된 $f(b)$가 더 큰 것을 알 수 있습니다. 이러한 모습을 함수의 증가라고 할 수 있습니다. 세상에 음과 양이 존재하듯이 말입니다. 다음 그림을 보고 말없이 그 뜻하는 바를 느껴 보세요.

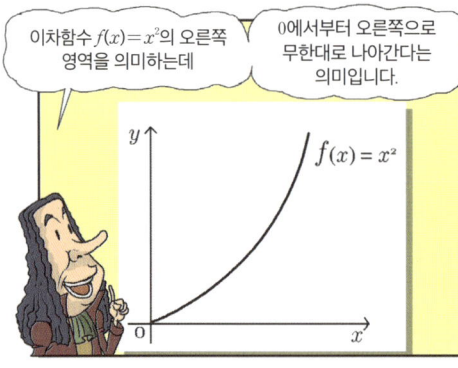

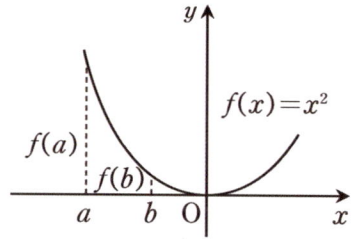

뇌에 자극이 오면서 혈액이 공급되는 것이 느껴지나요? 하품이 나오면 뇌에 산소가 부족하다는 뜻입니다. 봉수리!

이차함수의 그림에서 왼쪽 영역은 기호로 $(-\infty, 0)$인 구간이라고 할 수 있습니다. 그 구간에서 $x$가 증가함에 따라 $f(x)$가 감소하고 있습니다. 그림을 통해 그 사실을 알고 있지요? 이때, 이 구간에 속하는 임의의 두 수 $a, b$에 대하여 $a<b$일 때, $f(a)>f(b)$가 성립합니다.

함수 $f(x)$가 어떤 구간의 임의의 두 수 $a, b$에 대하여 $a<b$일 때, $f(a)<f(b)$이면 $f(x)$는 그 구간에서 증가한다라고 합니다. 또 $a<b$일 때, $f(a)>f(b)$이면 $f(x)$는 그 구간에서 감소한다라고 합니다.

그럼 함수가 '증가한다'는 것과 '감소한다'는 사실을 한번 정리해 봅시다.

### 함수의 증가와 감소

함수 $f(x)$가 어떤 구간의 임의의 두 수 $a$, $b$에 대하여 $a<b$일 때, $f(a)<f(b)$이면 $f(x)$는 그 구간에서 증가한다고 합니다. 또 $a<b$일 때 $f(a)>f(b)$이면, $f(x)$는 그 구간에서 감소한다고 합니다.

함수 $f(x)$가 어떤 구간에서 증가하면 $f(x)$를 그 구간에서 증가함수라 하고, 어떤 구간에서 감소하면 $f(x)$를 그 구간에서 감소함수라 합니다. 봉수리와 나는 증가함수와 감소함수를 익히기 위해 좌표평면 위에 붓으로 여러 번 반복하여 그립니다. 하지만 그게 말처럼 쉬운 것이 아닙니다. 삐쳐 올리기와 삐쳐 내리기 동작이 쉽지만은 않았습니다. 그래서 우리는 의논하였습니다. 전체적인 그림을 그리기보다는 부분 부분 그리는 연습을 많이 해야겠다고 말입니다.

이런 연습을 수학적으로 말하면 증가상태와 감소상태라고 말할 수 있습니다. 그럼 증가상태와 감소상태를 알아보도록 합니다. 이 설명부터는 미분의 개념이 서서히 등장할 것입니다.

긴장을 조금씩 하도록 합니다.

일단 함수를 하나 등장시켜서 그것을 보면서 증가상태와 감소상태를 알아봅니다. 함수의 모습이 바뀌면 그 구간에서 증가상태가 될 수도 있고 감소상태가 될 수도 있습니다. 우리가 상대할 함수는 $f(x)=x^2$이라는 이차함수입니다.

봉수리 씨, 봉을 아래로 꽂아 보세요. 와, 그렇게 안 봤는데 봉수리가 수학적 감각이 있군요. 정확하게 내가 원하는 곳에 봉을 꽂아 주었어요.

봉을 $y$축이라고 두면, 좌우로 매끄럽게 치솟는 모습입니다.

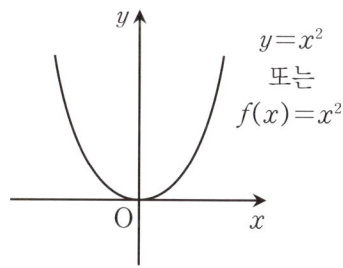

하지만 왼쪽에서 오른쪽으로 갈 때 감소하다가 다시 증가하는 게 보이나요?

　증가상태와 감소상태를 알려고 하면 어떤 지점을 정해야 합니다. 내가 개인적으로 3이라는 숫자를 좋아하니까 한 점을 $x=3$으로 잡겠습니다. 좌표평면에서 $x=3$의 자리는 가운데 0을 중심으로 오른쪽에 있습니다. 척 보니 증가상태인 것 같습니다. 그렇지만 수학의 사고는 그렇게 단순히 표현하기를 거부합니다.

봉수리가 봉을 꽉 쥐면서 "수학이란 상당히 까다로운 놈이군요."라고 말합니다. 그렇습니다. 왜 학생들이 수학을 싫어하는지 아시겠지요. 수학은 수학으로서의 표현 방식이 있습니다. 그럼 증가상태라는 말을 수학이 어떻게 표현해 내는지 지켜봅니다.

$x$가 커지면서 한 점 $x=3$을 지나는 좌우로 함숫값이 $f(3)$보다 작은 값에서 큰 값으로 변하는지 알아보아야 합니다. 그러니까 3을 기준으로 3보다 작은 값인 왼쪽과 3보다 큰 값인 오른쪽의 함숫값이 어떻게 변하는지 확인해야 한다는 뜻입니다. 그림을 봅니다.

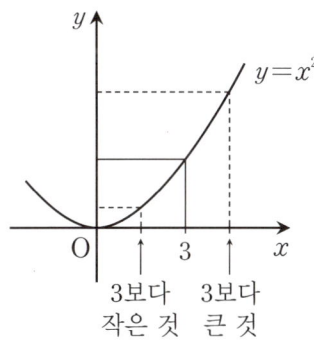

그림에서 3보다 작은 것, 3보다 큰 것이라고 하니까 정말 없

어 보입니다. 그래서 수학은 보잘것없는 모습을 감추기 위해 기호라는 향수를 뿌립니다. 향수를 뿌린 상태는 이렇습니다.

충분히 작은 양수 $h$에 대하여 $f(3-h)<f(3)<f(3+h)$가 성립하며 $f(x)$는 $x=3$에서 증가상태에 있다고 할 수 있습니다. 향수를 뿌리니 수학의 향기가 좀 나는 것 같습니다. 수학의 향기를 좀 더 살펴볼까요? 함수 $f(x)$의 $x$ 자리에 들어 있는 $3-h$를 좀 알아보면 3보다 작은 것을 말합니다. 즉, 3의 왼쪽이라는 것을 뜻하고, $h$는 충분히 작은 양수라고 하지요. 이때, 봉수리가 입을 엽니다.

"충분히는 많다는 뜻인데 작다는 또 뭐야. 충분히 작은 양수가 말이 돼?"

하하하, 번역하다 보니 기존의 책들이 이런 헷갈리는 표현을 좀 쓰는 것 같습니다. 학문적으로는 어떨지 모르겠지만 학생들에게 혼란을 주고 있네요. 3을 기준으로 그것보다 작은 것이라고 알고 있으면 됩니다. $3+h$는 3보다 좀 더 큰 수가 되는 것으로 보면 되고요. $f(3)$을 기준으로 작은 곳에서 큰 곳으로 흘러가는 상태가 바로 증가상태입니다. 증가상태에 놓인 것을 공부했으니 이제 감소상태에 놓인 것을 공부하도록 합니다. 상태의 변화를 알고자 하는 노력에 미분이라는 것이 쓰일 것입니다. 변화를 간파하는 방법으로는 미분이 최고입니다.

이제 감소상태를 알아보겠습니다. $x$가 증가하면서 한 점 $x=-3$을 지나는 좌표에서 함숫값이 $f(-3)$보다 큰 값에서 작은 값으로 변하는 것을 말합니다. 이때도 마찬가지로 헷갈리는 표현인데 충분히 작은 양수 $h$에 대하여 $f(-3-h)>f(-3)>f(-3+h)$가 성립합니다. 그래서 $f(x)$는 $x=-3$에서 감소상태에 있다고 합니다.

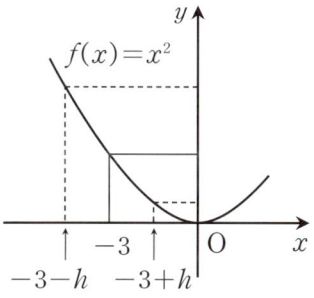

위 그림을 보면서 우리가 점점 미분의 상태로 들어가는 게 느껴집니다. 이차함수는 두 얼굴을 가졌습니다. $x=0$을 좌우로 나누면 오른쪽은 증가상태를 나타내고 왼쪽은 감소상태를 나타냅니다. 로마 신화에 등장하는 두 얼굴을 가진 신, 야누스의 성격을 지닌 이차함수입니다. 이것을 우함수라고 부릅니다. 이차함수는 우함수입니다. 우~~함수!

하지만 함수 중에는 모든 구간에서 증가상태를 보이는 일편단심형도 있습니다. 삼차함수 중에서 비례상수가 양수인 친구는 언제나 증가상태를 보입니다. 꾸준히 노력하는 친구입니다.

그 친구의 모습을 살펴보면서 증가상태를 공부해 봅니다.

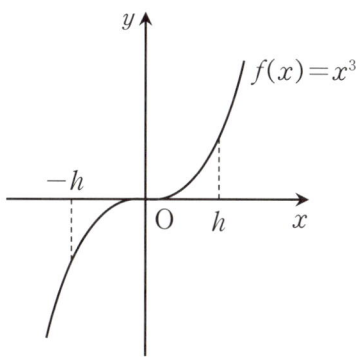

함수 $f(x)=x^3$은 $x$의 모든 구간에서 증가를 나타내고 있습니다. 그림을 통해 그런 상태를 읽을 수 있습니다. 따라서 충분히 작은 양수 $h$에 대하여 $f(0-h)<f(0)<f(0+h)$가 성립하므로 $x=0$에서 증가상태라고 말할 수 있습니다. 만약 함수 $f(x)=x^3$이 $f(x)=-x^3$으로 모습을 바꾼다면 증가상태에서 감소상태로 바뀝니다. 왜냐하면 두 함수가 $y$축 대칭 관계로 놓이기 때문에 함수의 모습이 바뀌게 됩니다. 이렇게 말로 설명하기가 어려울 때는 그림으로 보는 것이 이해하기 편합니다. 봉수리도 그 말이 맞다고 봉으로 땅을 쿡쿡 찌릅니다. 땅속에 있던 두더지가 시끄럽다며 나와서 한 소리 합니다.

"똑같이 자연에 사는 생물로서 좀 조용히 하며 삽시다. 수학 한다는 사람이, 쯧쯧……."

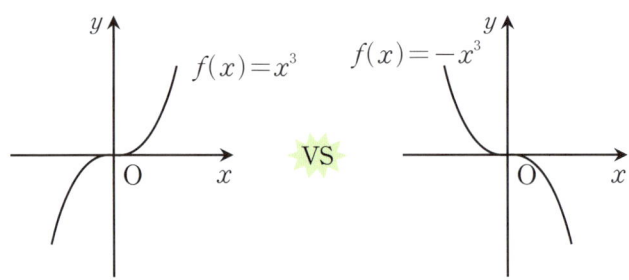

두더지에게 혼났지만 힘내서 수업을 다시 시작하겠습니다. 본격적인 미분의 등장으로 우리는 미분 기호의 대표 주자 프라임을 사용하기 시작합니다. $f'(x)$의 부호와 $f(x)$의 증감을 알아보겠습니다. 내가 아까 잠시 이쪽으로 오는데 구석진 곳에서 $f'(x)$와 $f(x)$가 서로 뭐라 뭐라 밀담 나누는 것을 보았습니다. 분명히 그들끼리 어떤 음모를 나눈 것이 확실합니다. 하지만 그들의 음모는 그들만의 비밀이 아닙니다. 수학을 하는 우리는 그들의 속성을 잘 알고 있기 때문에 그들은 정체를 잘 감추지 못합니다. 그들의 비밀 아닌 비밀을 말해 주겠습니다. 함수 $f(x)$를 미분하면 $f'(x)$가 됩니다. 그들의 관계는 더도 아닌 덜

도 아닌 이런 관계일 뿐입니다. 정말 시시한 것을 숨어서 이야기하니 뭐가 있어 보이는 것입니다. 세상의 비밀도 이처럼 터놓고 보면 아주 시시한 것이 많습니다. 예를 들어 알아보겠습니다.

함수 $f(x)=x^2$이라고 하고 이를 미분하면 $f'(x)=2x$가 됩니다. 이때, $f'(1)=2>0$이 됩니다. 이 수식이 좀 어려워 보인다는 봉수리의 말을 참고하여 설명을 좀 더 보태면 미분된 값의 $x$ 자리에 1을 넣었더니 2가 나왔고, 그 2는 0보다 큰 양수라는 것을 기호와 수식으로 표현한 것입니다. 그다음, $f'(-1)=-2<0$입니다. 이러한 표현이 의미하는 바는 바로 함수 $f(x)=x^2$은 $x=1$에서는 증가상태에 있고 $x=-1$에서는 감소상태에 있다는 것을 뜻합니다.

그건 바로 미분을 통해 어떤 함수의 증감을 따질 수 있다는 뜻입니다. 미분은 구부러진 함수에서 순간 기울기를 잡아낼 수 있는 내공의 힘을 지니고 있는 녀석입니다. 내가 생각하기로는 정말 대단한 내공이 아닐 수 없습니다. 미분의 내공을 기리고 함수의 증가와 감소에 대한 의미를 되새기기 위하여 다음과 같은 표어를 제작하여 봉수리와 함께 서울 종로 3가 거리에 불법으로 플래카드를 붙입니다.

플래카드의 내용은 다음과 같습니다.

함수 $f(x)$가 어떤 구간에서 미분가능할 때,
$f'(x)>0$이면, $f(x)$는 그 구간에서 증가하고,
$f'(x)<0$이면, $f(x)$는 그 구간에서 감소한다.

봉수리와 나는 같이 플래카드를 보고 있습니다. 나는 아직 수학을 잘 못하는 봉수리가 알아들을 수 없을 정도로 혼잣말을 합니다.

위 정리의 역은 성립하지 않습니다. 자세한 내용은 다음에 설명하기로 합니다. 아마 이 책이 끝나도 못할 수도 있습니다. 여러분의 영원한 숙제일 수도 있습니다.

자, 이제 기분을 좀 바꾸기 위해 예를 들면서 설명해 보겠습니다. 이번 예는 봉수리의 도움이 크게 작용해야 합니다. 이때 신난 봉수리가 자신의 봉을 붕붕 돌리며 봉술을 뽐냅니다.

도함수 $f'(x)$는 함수 $y=f(x)$의 임의의 점에서의 접선 기울기입니다. 접선의 기울기를 가지고 증가와 감소를 알아보도록

하겠습니다. 접선의 기울기를 봉수리의 봉으로 생각하면 됩니다. 봉수리의 봉 끝이 위로 가면 기울기가 양수이면서 증가상태가 되고, 봉수리의 봉 끝이 아래를 향하면 기울기가 음수이면서 감소상태라고 할 수 있습니다. 봉수리의 봉을 이용한 그림을 봅니다.

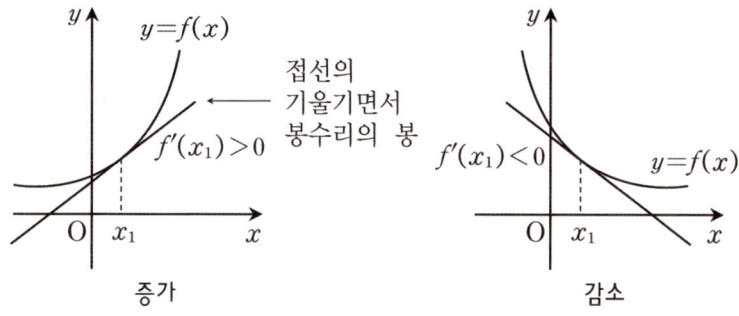

'도레미파' 할 때 '도'가 떠오르는 도함수 $f'(x)$가 항상 양이면, 그 구간 내에서 접선의 기울기가 항상 양이므로 그 구간 내에서 함수 $f(x)$는 증가합니다. 또 도함수 $f'(x)$가 그 구간 내에서 항상 음이면 함수 $f(x)$는 그 구간 내에서 감소합니다.

배운 내용을 좀 정리해 보면 함수의 증가와 감소를 조사하기 위해서는 기필코 $f'(x)$를 이용하여, 그 결과가 양수이면 증가이고 음수이면 감소입니다. 너무나 편리한 $f'(x)$입니다. 이것을 어떻게 읽지요? '에프 프라임 엑스'라고 읽습니다.

함수의 증가와 감소의 조건을 좀 더 자세히 따져 보도록 합니다. 함수 $f(x)$가 어떤 구간에서 미분가능하고, 당연히 미분가능해야 이야기를 진행시킬 수 있습니다. $f(x)$가 증가함수이면 그 구간은 영락없이 $f'(x)>0$이고, $f(x)$가 감소함수이면 그 구간에서 $f'(x)<0$이 됩니다. 증가함수와 감소함수에서 +와 -가 도넛에 설탕이 묻듯이 활약하는 장면의 그림을 봅니다.

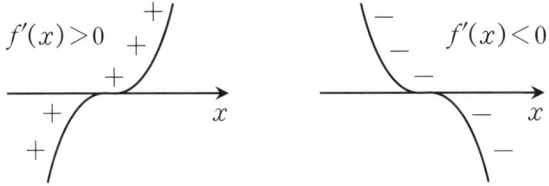

나는 이런 모습을 보면 강에 +기운이 흐르는 것 같은 기분이 듭니다. 또 감소함수일 때는 -기운이 강을 따라 흐르는 모습인 것 같고요. 그런 기분이 드는 것을 지울 수 없습니다. 여러분도 좀 엉뚱하지만 수학에 재미라는 상상력을 가미해 보면 좀 더 수학 공부에 도움이 될 것입니다.

이제 배운 것을 실전에 한번 써 먹고 이번 수업을 정리할까 합니다.

함수 $f(x)=x^3-2x$는 $x=1$에서 증가상태일까요, 아니면 감소상태일까요? 음, 봉수리는 분명 둘 중에 하나라면서 찍기를 시도하자고 합니다. 찍기를 시도한다면 지금까지 왜 공부한 것입니까? 정말 어처구니없는 소리로 사람 속을 뒤집습니다. 끝까지 해내고자 하는 정신이 바로 공부하는 자세입니다.

우리가 배우고 있는 것이 바로 미분입니다. 그렇다면 이 문제는 분명 미분을 이용하여 풀라고 만들어진 문제일 것입니다. 학교의 수학 시험에서는 출제자와의 고도의 심리전이 펼쳐지기도 합니다. 그럼 한번 풀어 보겠습니다.

우선 $f(x)$라는 함수를 미분하여 봅니다. $f(x)=x^3-2x$의 미분은 미분법을 공부한 학생들에게 어렵지 않습니다. 미분하면 그 결과는 $f'(x)=3x^2-2$입니다. 이제 미분된 상태의 도함수의 $x$ 자리에 1을 넣기만 하면 됩니다. 그러면 $f'(1)=3\times 1^2-2=3-2=1>0$이므로, 증가상태에 있습니다.

어떤 함수가 한 지점에서 증가상태인지 감소상태인지를 알고자 한다면 그 함수를 일단 미분하여 봅니다. 그리고 그 미분된 상태에 주어진 점의 값을 대입하여 그 값이 양수인지 음수인지를 가려냅니다. 그 값이 양수이면 증가상태이고, 그 값이 음수이면 감소상태입니다. 어려운 점은 하나도 없습니다. 이렇게 미분을 이용하면 함수의 모습을 직접 그려 보지 않고도 한 점의 순간변화율이 양수인지 음수인지를 판단하여 증가상태인지 감소상태인지를 순식간에 알아낼 수가 있습니다.

미분법을 아직 안 배운 학생들을 위하여 잠시 보여 주고 진짜 마칩니다.

$f(x)=x^3-2x$를 미분하면 $f'(x)=3x^{3-1}-2x^{1-1}$이 됩니다. 각 항의 문자의 차수는 그대로 수의 크기만 키워 앞으로 보내 계수로 만들어 붙이고 그 차수에서 빼기 1을 하여 만드는 것이 바로 미분법의 핵심입니다. $x^0$은 1입니다. 이상, 이번 수업을 모두 마칩니다.

## 수업정리

**❶ 함수의 증가와 감소**

함수 $f(x)=x^2$에서 $(0, \infty)$인 구간에서는 $x$가 증가함에 따라 $f(x)$가 증가합니다. 이때 이 구간에 속하는 임의의 두 수 $a, b$에 대하여 $a<b$일 때, $f(a)<f(b)$가 성립합니다.

**❷ 함수의 증가, 감소의 정의**

함수 $f(x)$가 어떤 구간의 임의의 두 수 $a, b$에 대하여 $a<b$일 때 $f(a)<f(b)$이면 $f(x)$는 그 구간에서 증가한다고 합니다. 또 $a<b$일 때 $f(a)>f(b)$이면 $f(x)$는 그 구간에서 감소한다고 합니다.

**❸** 함수 $f(x)$가 어떤 구간에서 미분가능하고 그 구간에서 $f'(x)>0$이면 $f(x)$는 그 구간에서 증가하고, $f'(x)<0$이면 $f(x)$는 그 구간에서 감소한다고 합니다.

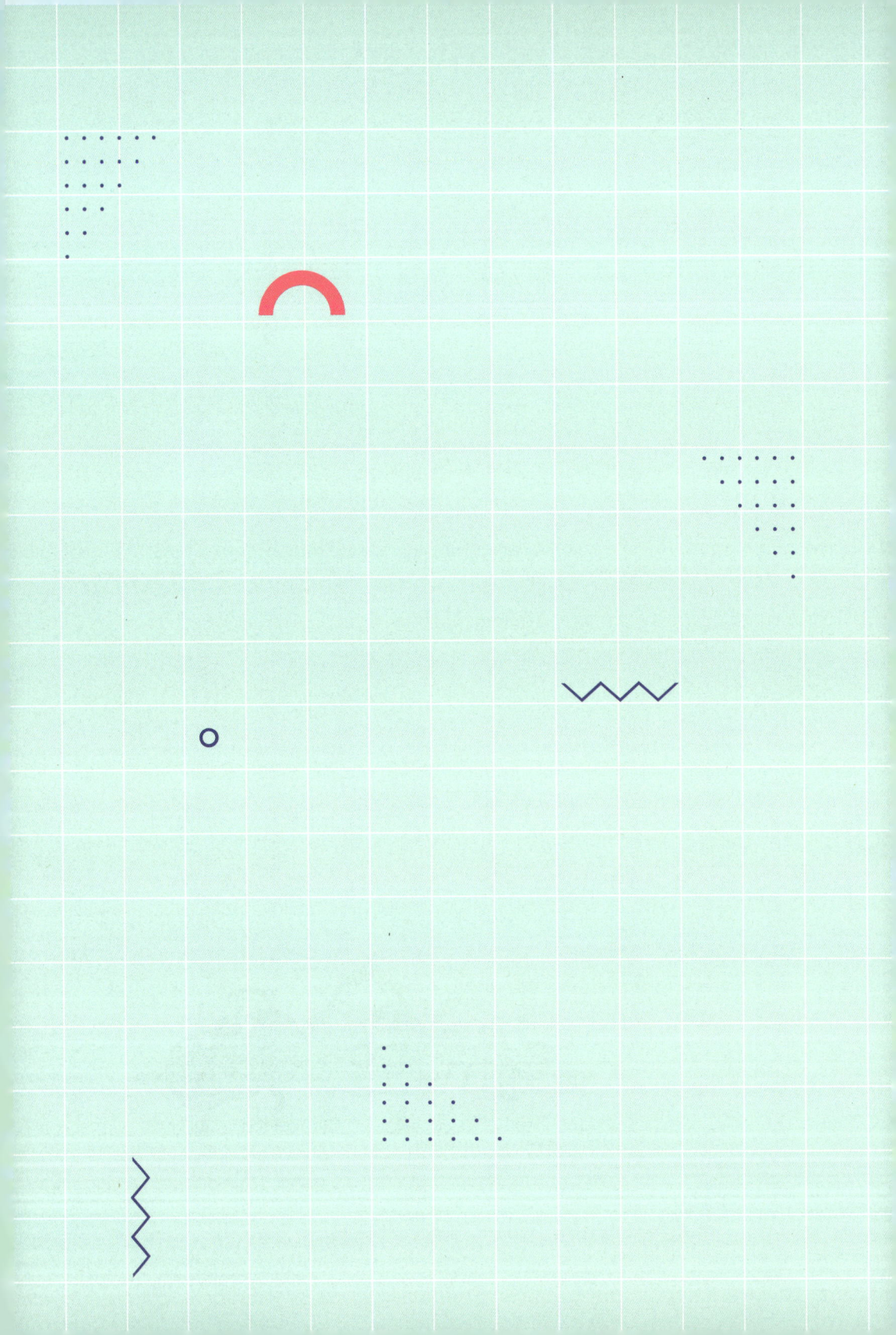

4교시

# 함수의 극대와 극소에 투입된 미분

함수의 극대와 극소에 대해서 알아봅니다.

## 수업 목표

1. 함수의 극대와 극소를 배워 봅니다.
2. 미분으로 고차함수를 그릴 수 있게 공부합니다.

### 미리 알면 좋아요

1. **극값** 함수 $f(x)$가 연속이고 $x=a$ 부근에서 증가 → 감소로 변하면 $f(a)$는 극댓값이고, $x=b$ 부근에서 감소 → 증가로 변하면 $f(b)$는 극솟값을 가집니다. 이러한 극댓값과 극솟값을 통틀어 극값이라고 합니다.

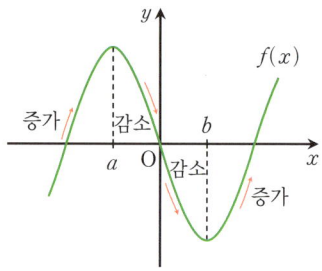

2. **인수분해** 인수분해因數分解는 한 다항식을 두 개 이상의 인수로 분해하는 것을 말합니다.

# 라이프니츠의 네 번째 수업

사람들은 함수의 극대와 극소를 표현하는 함수의 그림을 보고 롤러코스터에 비유합니다.

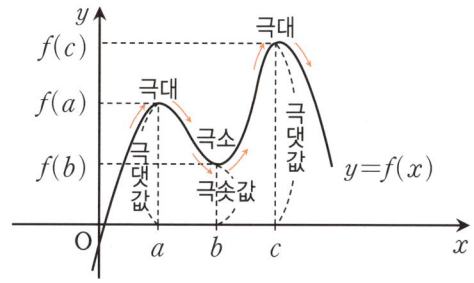

 봉수리는 왜 그 재미난 롤러코스터를 정말 재미없는 함수의 극대와 극소에 비유하냐며 나에게 따집니다. 하하, 나는 함수의 극대와 극소가 재미없다는 것은 이해하겠지만 빡빡머리 스님이 롤러코스터를 재미있어하는 게 더 신기합니다. 여러분도 생각해 보세요. 스님이 롤러코스터 타는 것을 말입니다. 하지만 스님이라고 못 타라는 법은 없습니다. 그래요, 탈 수 있습니다.

하지만 함수의 극대와 극소가 재미없을 거라는 편견도 같이 버리세요. 함수의 극대와 극소에 대한 정의를 좀 재미나게 접근하도록 합니다. 다 마음먹기에 달려 있습니다.

함수 $f(x)$가 $x=a, x=b$에서 연속입니다. 이 개념을 롤러코스터에 빗대어 보세요. 함수가 연속이 아니면 어떻게 되겠습니까? 롤러코스터의 길이 연속이 아니라면 놀이공원에서 대형 참사가 일어날 것입니다. 롤러코스터의 길이 연속인 것처럼 우리 함수도 연속일 때로 가정하여야 합니다. 자, 롤러코스터가 길을 따라 출발하듯이 앞의 그림에서 $x$가 서서히 증가하면서 $x=a$를 지날 때 $f(x)$가 증가상태에서 감소상태로 변하면 $f(x)$는 $x=a$에서 극대라고 합니다. 당연한 것 아닙니까? 롤러코스터가 서서히 올라가다가 떨어지기 직전이 긴장의 극대인 순간입니다. 아아악 비명이 절로 나옵니다. 그래서 $x$ 자리에 $a$아~~를 대입한 $f(a)$를 극댓값이라고 부릅니다. 앞에서 나온 그림을 잘 생각하면서 롤러코스터의 재미에 푹 빠져 보세요. 이번 수업의 이해 포인트는 상상력을 발휘하는 것입니다.

함수 $f(x)$의 롤러코스터가 다시 움직입니다. $x$가 증가하면서 $x=b$를 지날 때, $f(x)$가 감소상태에서 증가상태로 변하면 일단은 $f(x)$는 $x=b$에서 극소가 됩니다. 그 구간에서 가장 낮은 위치이니 마음이 좀 가라앉은 상태이지요. 그 값 $f(b)$를 극솟값이라고 합니다.

우리는 극댓값과 극솟값을 통틀어 극값이라고 합니다. 재미난 롤러코스터의 생명은 이런 극댓값과 극솟값이 많은 코스의 롤러코스터입니다. 오르락내리락 심장이 벌떡벌떡, 참고로 나는 롤러코스터 무서워서 못 탑니다.

앞에서 극값을 다루어 봤는데 정말 재미난 롤러코스터를 만들기 위해서는 이런 극값이 재미있을지 아닐지를 잘 판단해야 합니다. 이것을 수학의 도움을 받아서 알아보겠습니다. 이런 판정을 수학에서는 극값의 판정이라고 합니다.

이제부터는 재미난 롤러코스터의 길을 만들기 위해서 수학의 극값의 판정이라는 방법을 도입하겠습니다. 극값의 판정이란 함수 $y=f(x)$가 $x=a$에서 미분가능하고 $x=a$에서 극값을 가지면, $f'(a)=0$이 되는 것입니다. 이런 극값의 판정을 받으면 롤러코스터의 길이 오르락내리락하면서 상당히 재미있어집니다. 하지만 위 정리의 역, 즉 반대는 성립하지 않습니다. 이 말은 극값의 판정을 $f'(a)=0$으로 받더라도 재미가 없는 경우도 있다는 뜻입니다.

예를 들어 $f(x)=x^3$에서 $f'(0)=0$이지만 $x=0$인 점의 좌우에서 $f'(x)$의 부호가 바뀌지 않고 항상 $f'(x)=3x^2$이 양수가 되므로 $x=0$에서 극값을 가지지 않게 됩니다. 이와 같이 $f'(a)=0$이라도 $f(a)$의 값이 반드시 극값이 되는 건 아닙니다.

봉수리가 설명이 어렵다고 좀 자세히 알려 달라고 합니다. 나는 봉수리의 의견을 받아들여 자세히 알려 주기로 합니다. 네 가지 그림을 통해 극값을 가지는 경우와 극값을 가지지 못하는 경우를 보여 주겠습니다. 첫 번째 그림입니다.

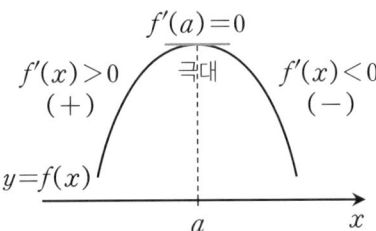

이 그림은 분명 극값을 가질 것 같은 느낌이 팍 옵니다. 왜냐하면 서서히 긴장감이 고조되다가 일단 딱 멈춥니다. $f'(a)=0$ 이라는 꼭대기 부분에 올라갔습니다. 그러다가 아래로 떨어지면서 $f'(x)<0$ 라는 곳에 접어들면 어른, 아이 할 것 없이 아아악 하는 괴성을 질러 댈 것입니다. 롤러코스터는 정말 무서운 극값을 가지게 됩니다.

그다음 그림은 무서움의 연속선상에 있는 그림입니다.

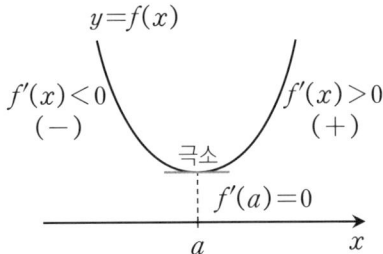

아아악 하면서 떨어지다가 극소점을 지나면서 다시 서서히 상승하여 우리를 극한 분위기로 몰고 가는 이 그림 역시 극값을 가지는 그림이 맞습니다.

세 번째 그림을 보면서 이야기를 계속해 나가겠습니다.

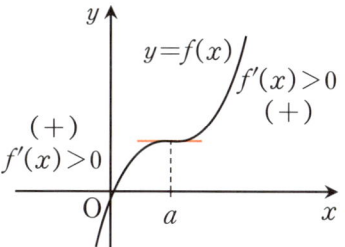

세 번째 그림을 보면 올라가다가 잠시 멈칫하다가 다시 올라가는 아주 시시한 롤러코스터 코스입니다. 이런 구간은 재미가 없어요. 그래서 함수에서도 이런 모습으로는 극값을 가질 수가 없습니다. 극값을 가지려면 무엇보다 재미가 있어야 합니다.

하나 남은 네 번째 그림을 보겠습니다.

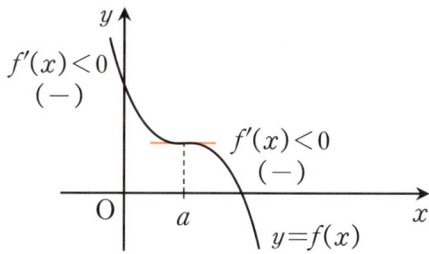

원래 롤러코스터는 내리막에서 제일 무섭습니다. 하지만 수학에서는 변화가 없는 이 그림과 같이 내려가다가 잠시 주춤하고 다시 내려가는 그림은 재미없어하지요. 그래서 이런 그림에서는 극값을 가질 수가 없습니다. 정리해 보면 $f'(x)$의 부호가 바뀌지 않으면 $x=a$에서 극대도 극소도 아닙니다.

이제 정확하게 $f'(x)$에 의한 극대와 극소를 판정해 보면, 미분가능한 함수 $f(x)$에서 우선 $f'(x)=0$으로 하는 $x=a$의 값을 구해야 합니다. 그런 후에 $x=a$의 좌우에서 $f'(x)$의 부호가 양+에서 음-으로 변하면 $f(x)$는 $x=a$에서 극대이고, $f'(x)$의 부호가 음-에서 양+으로 변하면 $f(x)$는 $x=a$에서 극소입니다. 앞에서 보았듯이 $f'(x)$의 부호가 변하지 않으면 극값은 없습니다. 아주 재미없는 경우라고 할 수 있지요.

이러한 극값을 이용하면 함수의 그래프를 그릴 수가 있습니다. 그럼 다항함수 $y=f(x)$의 그래프를 그리는 방법을 알아보겠습니다.

첫째, 먼저 $f'(x)=0$인 $x$를 구합니다. 다항함수에 미분으로 일격을 가하고 시작한다는 뜻입니다. 미분은 그들의 변화를 짐작하기 위한 도구이지요.

둘째, 이 값의 좌우에서 $f'(x)$의 부호를 조사합니다. 이에 따라 $f(x)$의 증감을 조사하여 극값을 구합니다. 마지막으로, 구한 극점을 매끄러운 곡선으로 표현해 줍니다. S자처럼 말입니다.

이차함수를 배운 친구들은 알겠지만 이차함수의 그래프는 완전제곱식을 침투시키고 꼭짓점을 달래 주며 이차함수의 비례상수를 미루어 짐작하면 이차함수의 그래프를 그릴 수가 있습니다. 하지만 삼차함수, 사차함수, …… 그래프의 개략적인 그림은 이차함수를 다루듯이 해서는 그릴 수가 없습니다.

이것을 해결하기 위해서 떠오르는 샛별이 바로 미분입니다. 미분은 함수를 그리기 위해 탄생한 스타라고 할 수 있습니다. 변화를 감지하기 위한 미분이 함수 그림을 잘 그려 낼 수 있습니다. 미분을 알면 함수를 그릴 수 있다는 말에 봉수리는 봉을 붕붕 휘두르며 좋아합니다. 하지만 이것도 약간은 배워야 잘할 수 있다는 말에 바로 기가 죽는 봉수리입니다. 쯧쯧, 살면서 배움을 싫어해서는 아무것도 이룰 수 없습니다. 봉수리가 봉술을 익힐 때도 어려운 과정이 분명 있었을 것입니다. 다항함수의 그래프를 그리는 과정을 예를 들어 익혀 봅니다.

저쪽에서 우리에게 다가오는 함수 하나가 있습니다. 그의 모습은 $f(x)=x^3-3x+1$입니다. 윽, $x$ 위에 세제곱을 달고 있는 모습에 봉수리는 당황합니다. 봉수리가 알고 있는 모든 함수는 일차함수와 이차함수입니다. 그들의 차수는 2를 넘지 않았습니다. 그런데 이번에 나타난 함수는 문자의 차수가 3인 삼차함수입니다. 봉수리의 한계를 넘어서는 삼차함수의 등장입니다. 하하, 이런 녀석을 그리기 위해 나온 것이 바로 미분입니다. 아름다운 미분! 우리는 미분이라는 강력한 무기를 소지한 채 삼차함수와 대결해 보도록 하겠습니다.

$f(x)=x^3-3x+1$이 나타나서 우리를 향해 큰소리칩니다.

"어디 나의 극댓값과 극솟값을 구하고 그래프도 그려 봐."

이때, 봉수리가 화가 나서 대꾸합니다.

"너 도대체 몇 살인데 반말이야! 혼나고 싶어?"

나는 저런 녀석과 상대할 필요가 없다고 하며 봉수리를 말립니다. 우리는 미분을 이용하여 녀석을 상대하면 됩니다. 수학의 대결은 말이 필요 없습니다. 내가 $f(x)$를 향해 마법의 미분 가루를 뿌렸습니다. 삼차함수 녀석은 "윽, 눈이 안 보여."라고 하면서 $f'(x)$로 모습이 변합니다.

미분 가루를 맞으면서 변하는 모습을 살펴보도록 하겠습

니다. $f(x)=x^3-3x+1$에 미분 가루가 뿌려지자 $f'(x)=3x^{3-1}$ $-3x^{1-1}$이 됩니다. 미분 가루는 상수항을 0으로 만들어 버립니다. 그래서 정리된 모습은 $f'(x)=3x^2-3$입니다. 항이 세 개나 있던 녀석은 항이 두 개짜리로 변했습니다. 녀석이 움찔하는 순간, 나는 녀석을 인수분해 해 버립니다. 인수분해를 하면 $3x^2-3=3(x+1)(x-1)$이 됩니다.

이렇게 인수분해 되는 과정을 봉수리가 자세히 알려 달라고 합니다. 음, 봉수리가 공부를 좀 해 보려고 하는데 안 도와줄 수 있나요? 인수분해는 식을 약수의 곱으로 만드는 것이라고 보면 됩니다. 인수분해는 중요한 내용이니까 꼭 철저히 공부하도록 하세요.

 합차 공식이라는 식에 대한 면역이 길러져 있으면 다른 항체 없이 공식에 대입하여 만들면 됩니다. 다음과 같은 면역 반응을 꼭 기억하세요.

$$a^2-b^2=(a+b)(a-b)$$

하지만 이것만 가지고 앞 문제를 해결하기에는 2% 부족합니다. 인수분해의 첫 번째 경우는, '일단 공통인수를 빼내고 생각하자.'입니다.

$3x^2-3$에서 두 항에 있는 3을 우선 앞으로 빼내고 괄호로 묶어 줍니다. 그러면 $3(x^2-1)$이 되겠지요? 눈을 크게 떠요, 봉수리! 합차 공식을 적용할 곳이 보이지요. $3(x+1)(x-1)$. 갓 잡아 올린 싱싱한 놈입니다.

이렇게 구한 싱싱한 놈을 0이 꿀꺽 삼키면 $f'(x)=0$에서 $x=-1, 1$이 됩니다. 이 정도 알게 되었다면 이제 증감표를 만들어 녀석의 윤곽을 잡아 보도록 합니다.

| $x$ | …… | $-1$ | …… | 1 | …… |
|---|---|---|---|---|---|
| $f'(x)$ | + | 0 | − | 0 | + |
| $f(x)$ | ↗ | 3 | ↘ | $-1$ | ↗ |

세 번째 줄에서 녀석의 윤곽이 드러났습니다. 화살표를 보세요. 올라가다가 $x$가 $-1$에서 극댓값 3을 가지고 다시 내려와서 $x$는 1에서 극솟값 $-1$을 가집니다.

그림으로 나타내 볼까요?

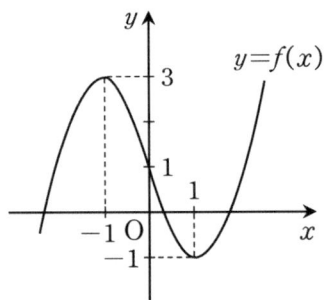

하하하, 드디어 녀석의 모습이 드러났습니다. 녀석을 향해 봉수리가 봉을 겨누자 앞에서 건방지게 굴었던 것을 사과합니다. 봉수리가 말로만 하는 사과는 필요 없다고 말해서 삼차함수가 봉수리와 나에게 사과를 두 개 사 줍니다. 그 사과가 너무 맛있어서 봉수리는 삼차함수의 사과를 받아들입니다.

자, 그럼 이제 정리의 시간이 왔습니다. 날이면 날마다 찾아오는 정리의 시간입니다. 극대와 극소를 응용할 때 씁니다.

미분가능한 함수 $f(x)$에 대하여 $x=a$에서 극값을 가진다면 $f'(a)=0$입니다. 그리고 $x=a$에서 극값 $b$를 가진다면 $f'(a)=0, f(a)=b$입니다. 예를 들어 한 문제 풀고 싶은 마음은 있지만 봉수리의 표정을 봐서 그만두도록 하겠습니다. 하지만 정리는 제대로 해 두기 바랍니다.

마지막으로 그래프를 이용한 삼차함수의 극대와 극소 판정에 대한 이야기를 하면서 이번 수업을 마치도록 하겠습니다.

삼차함수 $f(x)=ax^3+bx^2+cx+d$ ( 단, $a\neq 0$ )에서 $f'(x)=0$의 두 근을 $\alpha$, $\beta$ ( 단, $\alpha<\beta$ )라 할 때, 다음 그림을 잘 알아 두세요. 때가 되면 반드시 쓰일 것입니다.

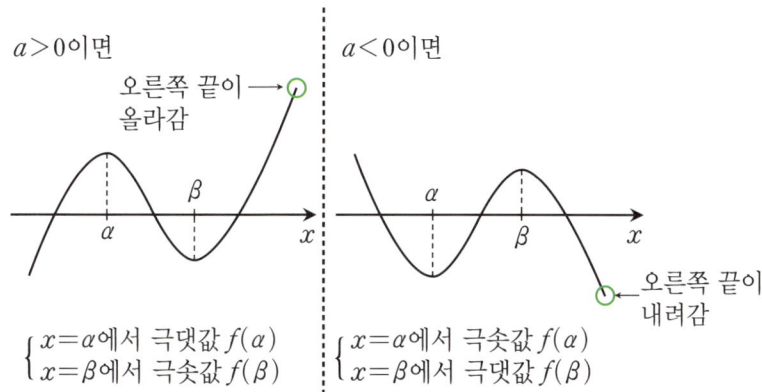

## 수업정리

**❶ 극값의 판정**

함수 $y=f(x)$가 $x=a$에서 미분가능하고 $x=a$에서 극값을 가지면 $f'(a)=0$입니다.

**❷** $a^2-b^2=(a+b)(a-b)$

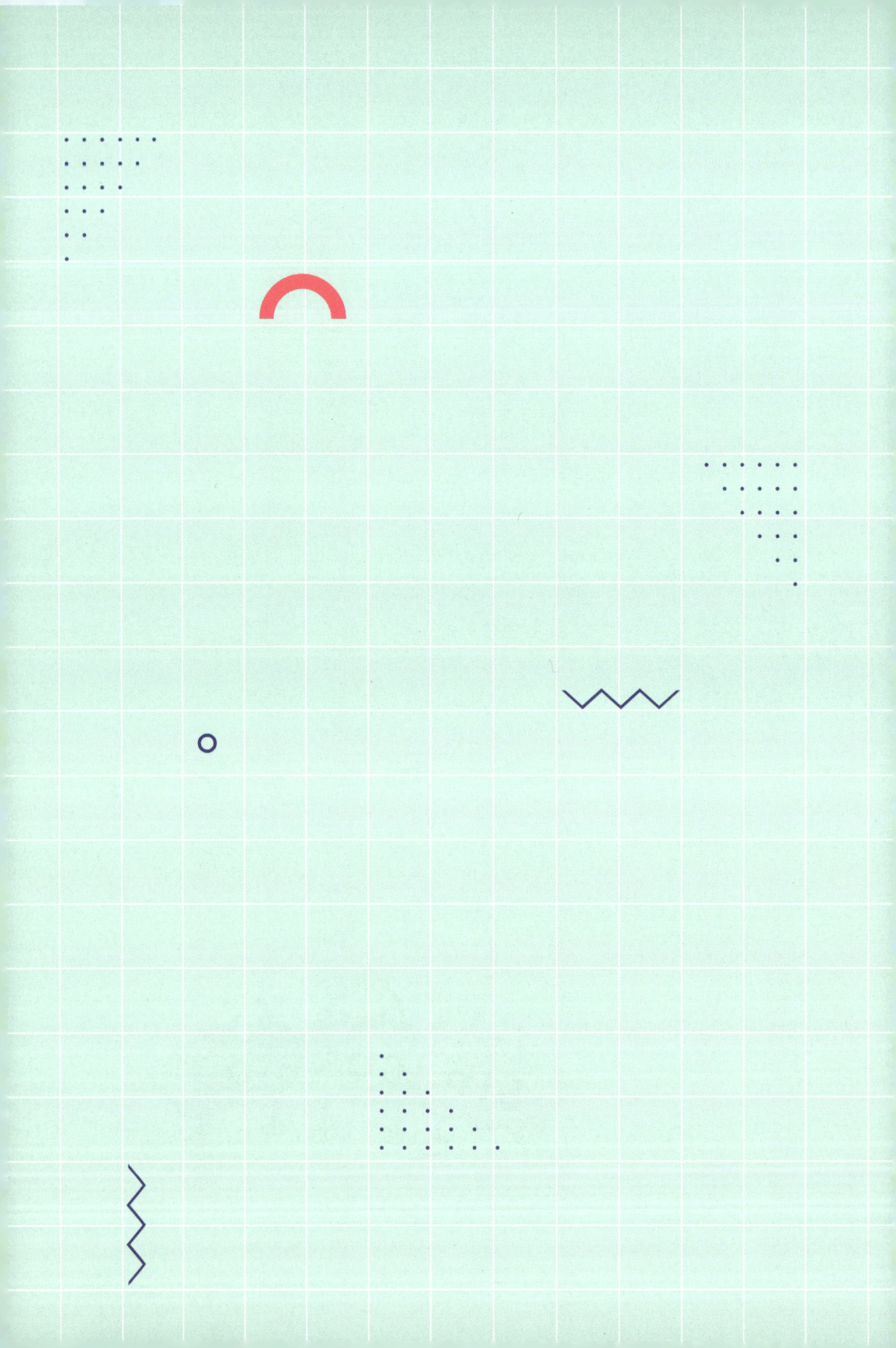

5교시

# 미분으로 찾아내는 함수의 최댓값과 최솟값

함수의 최댓값과 최솟값에 대해서 알아봅니다.

## 수업 목표

1. 함수의 최댓값과 최솟값을 알아봅니다.
2. 함수의 최댓값과 최솟값을 미분을 통해 활용해 봅니다.

### 미리 알면 좋아요

1. **구간**
**개구간**開區間 실수의 집합에서 양 끝의 수를 그 집합에 포함하지 않는 구간. 부등식 $a<x<b$로 표시되는 구간으로, $(a, b)$로 나타냅니다.
**폐구간**閉區間 실수의 집합에서 양 끝의 수를 그 집합에 포함하는 구간. 부등식 $a\leq x\leq b$로 표시되는 구간으로, $[a, b]$로 나타냅니다.

2. **완전제곱식** 어떤 정식의 제곱으로 표현되는 식입니다.

3. **부피** 부피는 도형이 차지하는 공간입니다.

# 라이프니츠의
# 다섯 번째 수업

구불구불한 뱀이 한 마리 지나가고 있습니다. 이때 봉수리가 나타나 맛있겠다면서 봉으로 뱀을 탁 쳐서 잡습니다. 나는 그런 안타까운 장면을 보며 지난 시간에 배운 극대와 극소를 떠올립니다. 각 극값에 봉이 딱 하고 닿은 순간 $f'(x)=0$이 됩니다. 그 순간이 되면 뱀은 극대의 통증을 느끼게 되고 심지어는 죽게 될 것입니다. 뱀이 죽으면 그의 생명은 0이 됩니다. 이처럼 봉수리의 봉은 구불구불한 뱀의 변화에서 극대와 극소를 찾아낼 수 있습니다. 아주 폭력적인 방법으로 말입니다.

이번 수업은 엄청 폭력적일 수 있습니다. 그래서 만 90세가 되지 않은 사람은 보지 못하게 하려다가 교육하는 의미로 제한 하지 않기로 합니다, 하하하.

뱀처럼 생긴 함수에서 최댓값과 최솟값을 찾아낼 것입니다.

봉수리의 봉으로 내리쳐서 봉이 곡선에 맞닿을 때 $f'(x)=0$이 되는 순간을 찾을 것입니다. 이러한 순간이 최댓값, 최솟값의 후보가 될 수 있습니다.

함수의 최댓값과 최솟값의 뜻을 알아보도록 합니다. 함수 $f(x)$가 폐구간 $[a, b]$에서 연속일 때 적용됩니다. 뱀이 연속적으로 쭉 기니까 연속이라는 말은 알겠는데 폐구간 $[a, b]$가 무슨 말이냐고 봉수리가 물어 옵니다.

초등학교 때 배운 '$a$ 이상 $b$ 이하'가 바로 폐구간 $[a, b]$입니다. 참 별거 아닌 것을 어렵게 표현한 것이지요. 그럼 다시 설명을 이어 나가겠습니다.

주어진 구간에서 선택할 수 있는 가장 큰 값을 $f(x)$의 최댓값, 주어진 구간에서 선택할 수 있는 가장 작은 값을 $f(x)$의 최솟값이라고 합니다.

이때, 봉수리가 봉술을 한 번 보여 줍니다. 그러고는 한마디 합니다.

"곧이어 최댓값과 최솟값을 구하는 장면이 연출되니 책 페이지 고정하세요."

폐구간 $[a, b]$에서 함수 $y=f(x)$가 연속일 때 $y=f(x)$의 극댓값, 극솟값을 모두 구합니다. 그리고 주어진 범위의 양 끝점에서의 함숫값 $f(a), f(b)$를 구합니다. 폐구간이란 양쪽 끝을 포함하는 구간이므로 양쪽 끝을 반드시 포함시켜야 합니다.

그렇게 해서 나온 네 개의 극댓값, 극솟값, 양끝 값 중에서 최강을 선택합니다. 가장 큰 값이 최댓값이고 가장 작은 값이 최솟값이 됩니다.

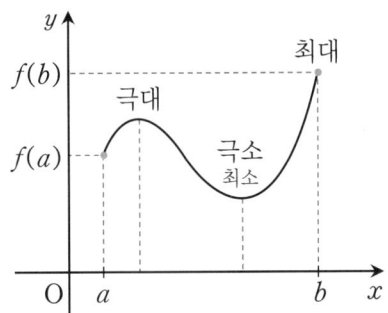

지난 시간에 배웠듯이 이차함수의 최댓값과 최솟값은 $y=a(x-p)^2+q$를 이용하여 구할 수 있습니다. 하지만 그런 방법으로 구하기 곤란한 삼차함수 이상의 최댓값과 최솟값은 이 책의 주인공인 미분으로 그 값을 알 수가 있습니다.

미분 가루를 뿌려서 알아내야 합니다. 지금 내가 가지고 있는 미분 가루를 가지고 문제 하나를 해결하도록 하겠습니다. 우선, 미분 가루를 사용하지 않고 상대할 수 있는 경우부터 보도록 합니다. 구간 $[-1, 3]$에서 이차함수 $f(x)=x^2-4x+6$의 최댓값과 최솟값을 알아보겠습니다. 일단은 이 이차함수를 완전제곱식을 이용하여 모습을 변형시키겠습니다. 그 결과는 어떻게 될까요? 바로 $f(x)=x^2-4x+6=(x-2)^2+2$가 됩니다. 완전제곱식으로 만드는 것은 《콰리즈미가 들려주는 이차방정식 이야기》를 참조하세요.

이 그래프에서 꼭짓점은 $(2, 2)$가 됩니다. 그리고 양 끝점을 대입하여 순서쌍을 알아보면 $(-1, 11), (3, 3)$이 나옵니다. 순서쌍에서 $x$좌표를 가지고 $-1$과 $3$ 사이에 $2$가 들어간다는 것을 확인하고 들어가면 그 값으로 생기는 $y$값을 취할 수 있습니다. 그다음으로 진정한 최댓값과 최솟값을 가리기 위해 순서쌍의 $y$값만을 비교합니다. 일단 세 개의 순서쌍을 육식 동물이 자신의 포획물을 나열하듯이 나열해 보겠습니다.

$(-1, 11), (2, 2), (3, 3)$

순서쌍의 $y$자리의 값만 비교하면 됩니다. 11이 가장 큰 최댓값이 되고 2가 가장 작은 최솟값이 됩니다.

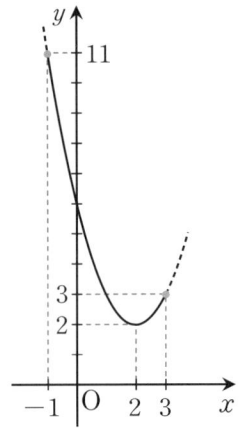

봉수리가 드디어 해냈다고 기뻐합니다. 하지만 기뻐하지 마세요. 우리가 상대할 녀석은 이차함수가 아닙니다. 이차함수에 미분 가루를 뿌리기에는 미분 가루가 아깝습니다. 우리가 대적

할 녀석은 삼차함수나 사차함수입니다. 봉수리의 당부도 있으니 삼차함수 하나를 상대하겠습니다.

구간 $[-3, 2]$에서 삼차함수 $f(x)=x^3+3x^2$의 최댓값과 최솟값을 알아내겠습니다. 정체를 알아내기 위해서 미분 가루를 녀석에게 뿌립니다. $f'(x)=3x^2+6x$로 미분 가루를 맞고 쪼그라든 녀석의 모습입니다. 나는 이때를 놓치지 않고 달려들어 인수분해를 해 버립니다. 각 항에 공통인수 $3x$를 빼내고 괄호로 싸 버리지요. 그러면 $3x^2+6x=3x(x+2)$가 됩니다. 인수분해가 된 상태에서 각각을 0으로 만드는 $x$의 값을 찾아봅니다. $x$는 0과 $-2$입니다. 그다음은 구간의 범위로서 $-3$과 2를 가지고 순서대로 배열하여 증감표를 만들어 보겠습니다.

네 번째 수업에서 증감표를 통하여 함수의 모습을 재현시킨 것을 기억하나요?

| $x$ | $-3$ | …… | $-2$ | …… | $0$ | …… | $2$ |
|---|---|---|---|---|---|---|---|
| $f'(x)$ | | $+$ | $0$ | $-$ | $0$ | $+$ | |
| $f(x)$ | $0$ | ↗ | $4$ | ↘ | $0$ | ↗ | $20$ |

위 표를 보면 알 수 있듯이 $f'(x)$가 0이 되는 지역에서 극대

와 극소를 가지며 그곳이 최댓값과 최솟값이 될 수도 있습니다. 녀석의 윤곽이 드러났습니다. 그림을 보면서 최댓값과 최솟값을 살펴보기로 합니다.

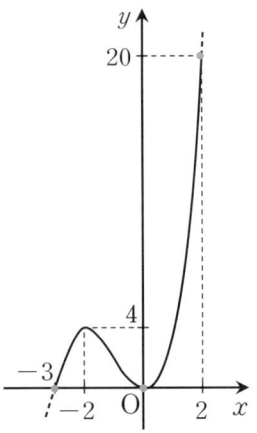

그림에서 보면 어디가 최댓값이고 최솟값인지 확실해집니다. 최댓값은 20이고 최솟값은 0입니다.

미분 가루가 녀석을 잠재운 것입니다. 이처럼 미분은 함수의 최댓값과 최솟값을 알아내는 데 이용됩니다. 함수는 점들의 움직임을 나타내고, 움직임을 잡아내는 데는 미분이 제격입니다. 하지만 이런 함수의 최댓값과 최솟값도 구간이 어떻게 주어지느냐에 따라 최댓값과 최솟값이 생기지 않는 경우도 있습니다. 세상

일을 보면 완전하게 끝나는 일이 그리 흔한 일은 아니거든요.

라이프니츠의 다섯 번째 수업

이제 극값이 하나만 존재할 때의 최댓값과 최솟값의 경우를 알아보도록 합니다. 함수가 주어진 구간에서 연속이고 그 구간에서 극값이 하나만 존재할 때 극값이 극솟값이면 바로 그 극솟값이 최솟값이 되고 극값이 극댓값이면 극댓값이 최댓값이 됩니다. 그림을 보세요.

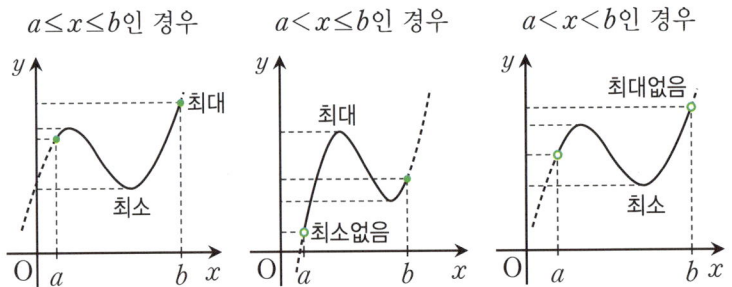

구간이 폐구간이 아닐 때는 최댓값 또는 최솟값이 없을 수 있으므로 조심해서 다루어야 합니다.

지금부터는 도형의 넓이나 부피에서 최대와 최소를 응용하는 데 쓰이는 미분을 알아보겠습니다. 이런 경우 역시 미분 가루를 뿌리는 타이밍이 중요합니다. 마치 요리하듯이 음식을 다 손질하고, 양념을 뿌리듯이, 나중에 간 보듯이 뿌리면 미분 요리가 완성됩니다.

**도형에서 응용되는 것의 순서**

(1) 미지수변수를 $x, y$로 놓습니다.

(2) $x, y$의 관계식을 세웁니다.

(3) $x$만의 변수로 나타내되 범위를 조심합니다.

(4) $x$에 대하여 미분합니다. 여기서 양념을 뿌리듯 미분 가루를 뿌려 완성한답니다.

여러분이 알아 두면 편리한 부피에 대한 공식을 몇 개 알려 주겠습니다. 기둥의 부피는 (밑넓이)×(높이)이고, 뿔의 부피는 $\frac{1}{3}$×(밑넓이)×(높이)입니다. 그림으로 다시 한번 익혀 보도록 합니다.

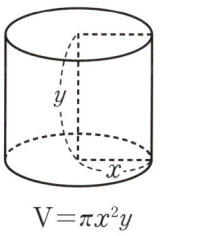
$V = \pi x^2 y$

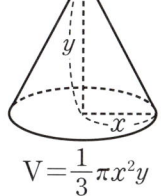
$V = \frac{1}{3}\pi x^2 y$

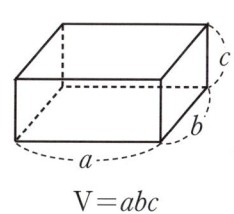
$V = abc$

기둥의 부피 : (밑넓이) × (높이)

뿔의 부피 : $\frac{1}{3}$ × (밑넓이) × (높이)

이제 미분을 이용하여 일상생활의 문제를 해결해 보도록 하겠습니다. 봉수리는 양철 판을 이용하여 직사각형 상자를 만들려고 합니다. 양철 판의 크기는 가로 16cm, 세로 10cm의 직사각형입니다. 네 귀퉁이에서 같은 크기의 정사각형을 잘라 내고 나머지 부분으로 상자를 만들고자 합니다. 이 상자의 부피가 최대로 되려면 잘라 내는 정사각형의 한 변의 길이는 얼마가 되어야 할까요?

봉수리는 자신은 죽어도 모르겠다며 나에게 가르쳐 달라고 합니다. 하하하, 나의 실력을 보여 주겠습니다. 이 문제를 쉽게 해결하기 위해서는 미분을 사용하여야 합니다.

잘라 내는 정사각형의 한 변의 길이를 $x$cm라 하면, 상자의 부피 $V$cm$^3$는 다음과 같습니다.

$$V=(16-2x)(10-2x)x$$
$$=4(x^3-13x^2+40x)$$

아래 그림을 잘 보세요.

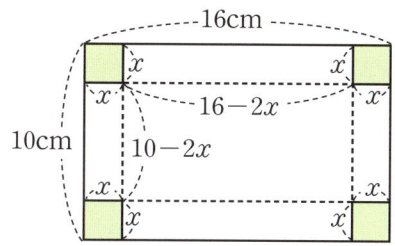

V를 $x$에 대하여 미분하면 다음과 같습니다.

$$V' = 4(3x^2 - 26x + 40)$$
$$= 4(3x - 20)(x - 2)$$

여기서 상자를 만들려고 하면 $x$의 범위는 0과 5 사이여야 합니다. 왜냐하면 양쪽에서 접으니까 10의 반을 넘지 못합니다. 그리고 0보다 커야 하는 것은 당연히 약간이라도 접어야 하니까요. 따라서 구간 (0, 5)에서 V의 증감을 조사하여 증감표로 나타내 보겠습니다.

| $x$ | $0 < x < 2$ | $x = 2$ | $2 < x < 5$ |
|---|---|---|---|
| V' | + | 0 | − |
| V | ↗ | 144 | ↘ |

위 표를 살펴보면 $x = 2$일 때, V는 극대이면서 최대가 됩니다. $a < x < b$에서 극값이 하나만 존재할 때, 그 극값이 극댓값이면 최댓값이고, 극솟값이면 최솟값이 됩니다. 위 사실을 알게

된 봉수리는 양철통을 만들기 위하여 2cm 크기의 정사각형을 잘라 냈답니다.

현대 경제학의 이론 전개에서 수학은 강력한 도구로 사용되고 있습니다. 봉수리의 봉술만큼 강력합니다. 그래서 배당률과 미분법에 대해서도 좀 알아보겠습니다.

수학 주식회사에 대한 국민의 투자액은 제시하는 배당률의 제곱에 비례하고, 또 회사는 투자액의 16.5%를 수익으로 남긴다고 합니다. 배당률을 얼마로 제시하면 회사의 이익이 최대로 되는지 알아보겠습니다.

회사가 가지는 이익은 투자액에 대한 수익에서 배당액을 뺀 값을 말합니다. 이를 수식화하고 이익을 최대로 하는 배당률을 정하는 것이 문제입니다. 답을 알아내기 위하여 계획을 수립해야 합니다. 계획을 한번 세워 볼까요?

제시하는 배당률을 $x$, 투자액을 M이라고 하면
$M = kx^2$ (단, $k > 0$인 상수)
따라서 투자액 M에 대한 수익과 배당액은 각각
$0.165M = 0.165kx^2$

$xM = xkx^2 = kx^3$ (단, $x$는 배당률이므로 양수)

회사의 이익 $f(x)$는 (수익)−(배당액)이므로 위 식을 빼서 계산하면 $f(x) = 0.165kx^2 - kx^3$이 됩니다.

이제 이렇게 수립된 계획을 가지고 실행에 옮겨 보겠습니다. 이익 $f(x)$를 최대로 하는 $x$를 구하기 위하여 미분 가루를 던져 봐야 합니다. $f'(x) = 0$에서 $0.33kx - 3kx^2 = 0$, 계산해 보면 $x = 0, 0.11$입니다. 따라서 배당률 11%를 제시하면 이익이 최대가 될 것입니다.

이렇듯 수요와 공급, 수지 계산 등 경제에 관한 여러 가지 문제를 풀 때 미분법을 활용하면 쉽게 해결할 수 있습니다.

다음과 같은 일상생활에도 미분은 이용될 수 있습니다. 놀이기구의 좌석이 90개입니다. 사용료를 500원으로 하면 90개의 좌석이 다 차고, 사용료를 10원씩 올릴 때마다 좌석이 하나씩 빈다고 할 때, 수입을 최대로 하려면 사용료를 얼마로 하면 될까 하는 문제에서도 미분을 활용하여 풀면 쉽게 해결할 수 있습니다. 이 문제는 풀지 않겠습니다. 문제를 풀지 않고 이번 수업을 마치면 봉수리가 나의 어깨를 30분 동안 안마해 주겠다고 합니다. 나는 어떠한 유혹에도 넘어갑니다. 그럼 이번 수업을 마칩니다. 봉수리! 어서 와서 안마해 주세요.

## 수업 정리

❶ 주어진 구간에서 선택할 수 있는 가장 큰 값을 $f(x)$의 최댓값, 주어진 구간에서 선택할 수 있는 가장 작은 값을 $f(x)$의 최솟값이라고 합니다.

❷ 함수가 주어진 구간에서 연속이고 그 구간에서 극값이 하나만 존재할 때, 극값이 극솟값이면 바로 그 극솟값이 최솟값이 되고 극값이 극댓값이면 바로 그 극댓값이 최댓값이 됩니다.

❸ 기둥의 부피는 (밑넓이)×(높이)이고, 뿔의 부피는 $\frac{1}{3}$×(밑넓이)×(높이)입니다.

## 6교시

# 방정식과 부등식을 미분으로 잡다

증감표를 통한 고차함수의 그래프에 대해서 알아봅니다.

## 수업 목표

1. 미분을 통하여 방정식을 알아봅니다.
2. 증감표를 이용해 고차함수의 그래프를 그려 봅니다.

### 미리 알면 좋아요

1. **판별식** 대수방정식의 해에 대한 정보를 주는 식.

2. **교점** 둘 이상의 선이 서로 만나는 점.

3. **부등식** 두 수 또는 두 식을 부등호로 연결한 식.

# 라이프니츠의
# 여섯 번째 수업

원래 방정식 하면 이차방정식이 먼저 떠오릅니다. 이차방정식의 모습은 $ax^2+bx+c=0$(단, $a \neq 0$)으로, 아는 사람만 압니다. 그래프는 철사를 오므린 모습입니다. 이차방정식의 그래프는 완전한 좌우대칭이 되는 특징을 가지고 있습니다. 대칭 미인인 셈입니다. $x$가 들어간 식에는 근이 몇 개인지가 중요한데 이 이차방정식은 거의 근이 두 개가 나옵니다. 때에 따라서는 한 개가 나올 수도 있고, 안 나올 수도 있지만요. 이 방정식의 근의 개수를 알아내는 방법으로 판별식이라는 것이 있습니다.

판별식이란 말 그대로 근을 판단하는 식입니다. $b^2-4ac$가 판별식의 모습입니다. 혹시 시장 같은 곳에서 만나면 인사를 먼저 하세요. 왜냐하면 이 친구는 지독한 난시라서 사람을 잘 못 알아봅니다. 앗! 우리가 오늘 공부하고자 하는 것은 이차방정식에 대해서가 아니지요. 함수의 그래프와 방정식에 대해서입니다. 삼차방정식의 근을 미분 가루를 뿌려서 알아낼 것입니다. 봉수리, 오늘 사용할 미분 가루는 충분히 있나요? 어제 다시 미분 가루를 국산으로 구입해서 준비해 두었다고 하네요. 좋습니다.

삼차방정식으로 바로 들어가지 말고 함수의 그래프와 방정식에 대한 준비 체조를 좀 해 두도록 하지요. 함수 $f(x)$의 그래프와 $x$축이 만나는 점의 $x$좌표는 방정식 $f(x)=0$의 실근이 됩니다. 실근이란 근의 일종으로, 실수 근을 말합니다. 실수는 유리수와 무리수로 이루어져 있습니다. 실수에 대한 내용은《데데킨트가 들려주는 실수 이야기》를 참고하세요.

함수 $f(x)$와 $g(x)$의 교점의 $x$좌표는 방정식 $f(x)=g(x)$의 실근입니다. 이 두 종류의 모습을 말로만 표현하니 상상이 되지 않지요? 그림으로 나타내 보겠습니다. 물론 삼차방정식의 그래프를 이용하여 나타냅니다.

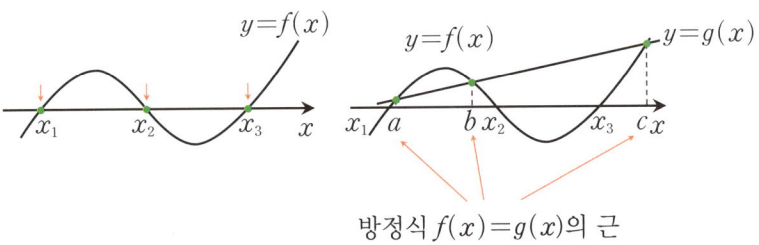

방정식 $f(x)=0$의 실근 개수는 $y=f(x)$ 그래프와 $x$축과의 교점 개수와 같습니다. 그리고 $f(x)=g(x)$의 실근 개수는 $y=f(x)$와 $y=g(x)$ 그래프의 교점 개수와 같습니다. 방정식이 허근을 갖는 경우, 허근虛根이란 한자어 그대로 근이 비어 있는, 근이 없는 것을 말합니다. 그래서 그래프는 $x$축과 만나지 않습니다.

자, 이제 삼차함수의 그래프와 방정식으로 들어가 보도록 합니다. 이차방정식에는 미분 가루를 사용하지 않고 판별식으로 근의 개수를 알 수 있었지만 삼차방정식 이상은 미분 가루를 뿌려야 근을 판별할 수 있습니다. 물론 이차함수의 그래프를 이용하여서도 이차방정식의 근을 판별할 수 있습니다. 같은 방법으로 삼차함수의 그래프를 이용하여 삼차방정식의 근을 판별하기로 합니다.

삼차방정식의 모습은 $ax^3+bx^2+cx+d=0$(단, $a\neq 0$)으로 기차보다는 아니지만 그 모습이 제법 깁니다. 이 삼차방정식의 실근 개수를 구하기 위해 삼차함수의 그래프와 $x$축과의 교점 개수를 조사하는 방법을 연구해 봅니다.

삼차방정식을 삼차함수로 변신시키기 위해 $y$를 긴급 투입시킵니다.

$y=ax^3+bx^2+cx+d$(단, $a\neq 0$)에서 보통 $x^3$의 계수 $a$의 부호를 양수로 둡니다. $a$를 양수로 둔다는 것을 수식으로 나타내면 $a>0$으로 씁니다.

삼차함수의 그림을 하나하나 보면서 어떤 경우인지 따져 보도록 하겠습니다. 삼차함수의 그래프를 보여 주기 위해 특별히 할머니 한 분을 모시고 바느질하는 장면을 이용하여 나타내 보겠습니다. 일단 바느질 할 천을 $x$축이라고 생각합니다. 바늘에 실을 꿰어 다음과 같이 천을 통과합니다.

이런 경우의 그림은 극값을 갖는 경우입니다. 극값을 갖는 경

우 중에서도 극댓값과 극솟값의 부호가 다른 경우입니다. 이때는 $x$축과 서로 다른 세 점에서 만나므로 $f(x)=0$은 서로 다른 세 실근을 갖습니다. 할머니는 칠순이 넘었지만 바느질 솜씨는 대단하십니다.

서로 다른 세 실근을 가질 조건
(극댓값)×(극솟값)<0

이 수식이 의미하는 바는 극댓값과 극솟값의 부호가 다르다는 것입니다. 또 다른 할머니의 바느질 솜씨를 봅니다.

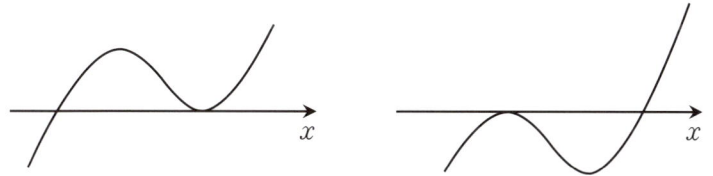

이런 기법은 극댓값 또는 극솟값이 0인 경우입니다. 이때는 $x$축과 접하고 $x$축의 다른 한 점을 지나므로 $f(x)=0$은 이중근과 다른 하나의 실근을 가지게 됩니다.

> 이중근과 다른 한 실근을 가질 조건＝서로 다른 두 실근을 가
> 질 조건
> (극댓값)×(극솟값)＝0

할머니의 바느질은 또 다른 모습을 만들어 냅니다.

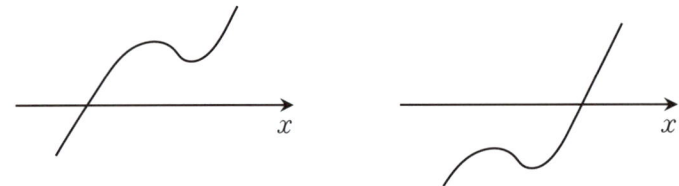

이 경우는 극댓값과 극솟값의 부호가 서로 같은 경우입니다. 이때는 $x$축과 한 점에서 만나므로 $f(x)=0$은 하나의 실근과 두 허근을 갖습니다.

> 한 실근과 두 허근을 가질 조건＝한 실근만을 가질 조건
> (극댓값)×(극솟값)＞0

이제는 할머니의 눈이 침침하여 극값을 갖지 않는 경우를 알아보겠습니다.

"나이는 못 속여. 요즘 눈이 침침해."

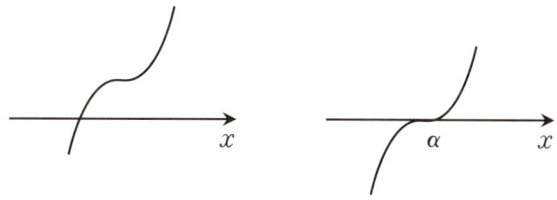

극값을 갖지 않는 경우는 $x$축과 한 점에서 만나고, 그 점에서 $x$축에 접하지 않는 경우로 하나의 실근과 두 허근을 갖습니다. 또는 $x=\alpha$알파에서 $x$축에 접하면이 점에서의 접선의 기울기가 0이면 삼중근 $\alpha$를 갖습니다. 우리는 할머니의 도움으로 삼차방정식의 근을 판별할 수 있었습니다. 아직까지는 할머니의 도움으로 미분 가루를 전혀 사용하지 않았습니다. 이제 실전으로 들어갑니다. 그러니 봉수리 씨! 이제 미분 가루의 봉투를 개봉하세요.

실근의 개수를 알아보는 문제입니다. 방정식 $x^3-3x+1=0$의 실근의 개수를 구해 보도록 합니다. 참고로 다시 한번 이야기 하면 방정식 $f(x)=0$의 실근은 함수 $y=f(x)$ 그래프와 $x$축과의 교점의 $x$좌표입니다. 따라서 방정식의 실근 개수를 구하려면 함수의 그래프와 $x$축과의 교점 개수를 조사하면 됩니다.

$f(x)=x^3-3x+1$로 놓고 미분하기 위해서 미분 가루를 뿌려 봅니다. 그랬더니 $f'(x)=3x^2-3$으로 변신하고 앞에서 익혔던 기술인 인수분해를 합니다. 그러면 결과는 $3(x+1)(x-1)$이 됩니다.

그다음으로는 함수 $f(x)$의 증감표를 만들면 됩니다.

| $x$ | …… | $-1$ | …… | $1$ | …… |
|---|---|---|---|---|---|
| $f'(x)$ | $+$ | $0$ | $-$ | $0$ | $+$ |
| $f(x)$ | ↗ | $3$ | ↘ | $-1$ | ↗ |

이때, 할머니께서 나타나시더니 바느질을 한 번 해서 그림을 보여 줍니다.

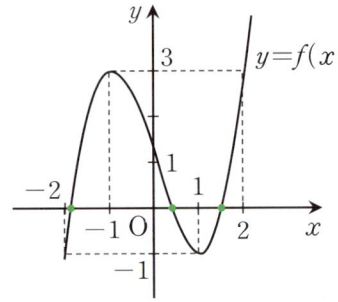

그래프에 의하면 실근이 각각 구간 $(-2,-1), (0,1), (1,2)$

안에 있음을 알 수 있습니다. 주어진 방정식 $x^3-3x+1=0$은 서로 다른 세 개의 실근을 갖습니다. 이처럼 도함수<sub>도함수가 미분이라고 봐도 됩니다.</sub>를 이용하여 방정식의 근을 찾고, 부등식을 증명하는 방법을 알아보았습니다.

다음으로는 미분 가루를 부등식에 뿌려 보는 시간을 갖겠습니다. 부등식의 증명을 알아보도록 합니다. $x \geq 0$일 때, 부등식 $x^3-3x+3>0$이 성립한다는 것을 보이는 방법으로 함수의 그래프를 이용하면 됩니다. 위의 부등식을 $f(x)=x^3-3x+3$으로 두고 미분 가루를 뿌리면 $f'(x)=3x^2-3=3(x+1)(x-1)$이 되므로 $x \geq 0$에서 $x$의 증감은 다음과 같습니다.

| $x$ | 0 | …… | 1 | …… |
|---|---|---|---|---|
| $f'(x)$ |  | − | 0 | + |
| $f(x)$ | 3 | ↘ | 1 | ↗ |

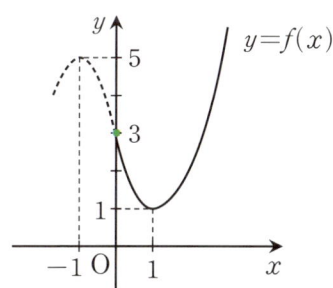

따라서 $x \geq 0$일 때 $f(x) = x^3 - 3x + 3 > 0$이 됩니다. 이는 주어진 구간에서 함수 $f(x)$의 최솟값이 0보다 크다는 것을 보임으로써 $f(x) > 0$이 성립한다는 것을 증명한 것입니다.

부등식의 활용으로 도함수를 이용하여 다음과 같이 부등식을 증명할 수 있습니다.

### 부등식의 증명

(1) 임의의 실수 $x$에 대하여 부등식 $f(x) > 0$이 성립함을 증명하려면 함수 $y = f(x)$의 도함수 $y = f'(x)$를 이용하여 $f(x)$의 최솟값을 구한 후, $(f(x)$의 최솟값$) > 0$임을 보입니다.

(2) $x > a$인 범위에서 부등식 $f(x) > 0$이 성립함을 증명하려면

 (i) $x > a$인 범위에서 $(f(x)$의 최솟값$) > 0$임을 보입니다.

 (ii) $x > a$인 범위에서 $f(x)$가 증가함수이고 $f(a) \geq 0$임을 보입니다.

  즉, $f'(x) > 0$, $f(a) \geq 0$임을 보입니다.

(3) $x>a$인 범위에서 부등식 $f(x)>g(x)$가 성립함을 증명하려면 $h(x)=f(x)-g(x)$로 놓고, $x>a$인 범위에서 $h(x)>0$임을 보입니다.

문제를 한번 풀어 보겠습니다. 봉수리, 준비하세요.

$x\geq 0$인 모든 실수 $x$에 대하여 부등식 $2x^3-5x^2-4x+a\geq 0$이 성립하도록 하는 상수 $a$의 최솟값을 알아보겠습니다.

$x\geq 0$에서 부등식 $f(x)\geq 0$을 증명하려면 $x\geq 0$에서 ($f(x)$의 최솟값)$\geq 0$임을 보여야 합니다. $f(x)=2x^3-5x^2-4x+a$라 하면, 미분해서 $f'(x)=6x^2-10x-4$로 만들어 줍니다. 그다음 인수분해라고 불리는 술법을 부려서 풀어 보면 $6x^2-10x-4=2(3x+1)(x-2)$이므로, $f(x)$는 $x\geq 0$일 때 $x=2$에서 극소이며 최소입니다.

$x\geq 0$인 모든 실수 $x$에 대하여 $f(x)\geq 0$이 항상 성립하려면 $f(2)=a-12\geq 0$이 되어야 합니다. 따라서 구하는 상수 $a$의 최솟값은 12입니다. 그림으로 확인해 봅니다.

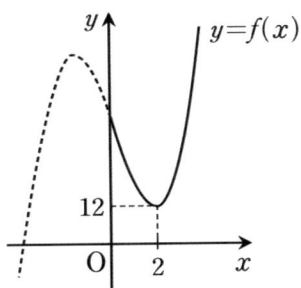

봉수리를 위하여 $x$의 범위가 0보다 큰 경우 말고 다른 경우를 한 가지 소개하면서 이번 수업을 마치겠습니다.

$x>2$일 때, 부등식 $2x^3-3x^2-4>0$이 성립함을 보여 주겠습니다. 일단은 $f(x)=2x^3-3x^2-4$라고 배운 대로 놓아 봅니다. 그리고 역시 앞에서 배운 대로 미분 가루를 팍팍 뿌리세요. $f'(x)=6x^2-6x=6x(x-1)$이므로 $x>2$일 때, $f'(x)>0$입니다. 따라서 $f(x)$는 증가함수입니다. 그런데 $f(2)=2\times 2^3-3\times 2^2-4=0$이므로, $x>2$일 때 함수 $f(x)$의 값은 0보다 큽니다. 따라서 $x>2$일 때, $2x^3-3x^2-4>0$임을 알 수 있습니다. 일반적으로, 부등식 $f(x)>0$을 증명할 때는 주어진 구간에서 함수 $y=f(x)$의 '최솟값이 0보다 크다.'는 것을 보여 주면 됩니다. 그리고 주어진 범위에서 극값이 존재하지 않고 $x>a$일

때 $f(x)>0$임을 증명하려고 하면, $x>a$일 때 $f'(x)>0$이고 $f(a)\geq 0$임을 보이면 됩니다. 그림 하나 감상하면서 마쳐요.

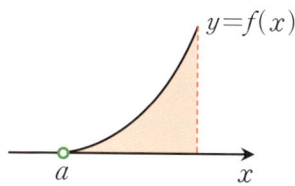

## 수업정리

❶ 함수 $f(x)$의 그래프와 $x$축이 만나는 점의 $x$좌표는 방정식 $f(x)=0$의 실근이 됩니다. 실근이란 근의 일종으로 실수 근을 말합니다. 실수는 유리수와 무리수로 이루어져 있습니다.

❷ 함수 $f(x)$와 $g(x)$의 교점의 $x$좌표는 방정식 $f(x)=g(x)$의 실근입니다.

❸ 서로 다른 세 실근을 가질 조건은 다음과 같습니다.
$$(극댓값) \times (극솟값) < 0$$

❹ 이중근과 다른 한 실근을 가질 조건은 서로 다른 두 실근을 가질 조건으로 다음과 같습니다.
$$(극댓값) \times (극솟값) = 0$$

❺ 한 실근과 두 허근을 가질 조건은 한 실근만을 가질 조건으로 다음과 같습니다.
$$(극댓값) \times (극솟값) > 0$$

❻ 임의의 실수 $x$에 대하여 부등식 $f(x)>0$이 성립함을 증명하려면 함수 $y=f(x)$의 도함수 $y=f'(x)$를 이용하여 $f(x)$의 최솟값을 구한 후, $(f(x)$의 최솟값$)>0$임을 보입니다.

❼ $x>a$인 범위에서 부등식 $f(x)>0$이 성립함을 증명하려면
(ⅰ) $x>a$인 범위에서 $(f(x)$의 최솟값$)>0$임을 보입니다.
(ⅱ) $x>a$인 범위에서 $f(x)$가 증가함수이고 $f(a)\geq 0$임을 보입니다.
즉, $f'(x)>0, f(a)\geq 0$임을 보입니다.

❽ $x>a$인 범위에서 부등식 $f(x)>g(x)$가 성립함을 증명하려면 $h(x)=f(x)-g(x)$로 놓고, $x>a$인 범위에서 $h(x)>0$임을 보입니다.

## 7교시

# 속도와 가속도를 잡아내는 미분

미분을 이용한 속도와 가속도에 대해서 알아봅니다.

## 수업 목표

1. 속도와 가속도에 대하여 알아봅니다.
2. 속도와 가속도에 이용되는 미분 적용 문제를 알아봅니다.

### 미리 알면 좋아요

1. **속도** 한 점이 어떤 방향으로 얼마나 빠르게 움직이는지를 나타내는 양.

2. **가속도** 시간에 대한 속도 변화의 비율.

3. **속력** 물체의 빠르기를 나타내는 척도의 하나. 단위 시간당 이동한 거리.

# 라이프니츠의
# 일곱 번째 수업

 나, 라이프니츠는 접선을 찾기 위한 연구를 하다가 미분을 발견하였습니다. 하지만 뉴턴이라는 수학자는 운동의 법칙을 표현하기 위해서 미분을 발견했지요. 앞에서 배운 내용에도 미분이 쓰이지만 미분은 힘, 운동량, 속도, 가속도, 위치 등에도 이용될 수 있습니다.

 미분법으로 출발하기 위해서는 평균속도에 대한 이야기로 시작해야 할 것 같습니다. 사과가 떨어질 때, 떨어지는 시간 $t$(초)

와 떨어지는 거리 $x(\mathrm{m})$ 사이에는 $x=5t^2$인 관계가 있다고 할 수 있습니다. 정확하게 말하면 비례상수가 4.9이지만 계산하기 쉽게 5로 잡았습니다. 봉수리가 참 잘했다고 칭찬합니다.

사과가 떨어지기 시작해서 1초부터 3초 사이의 평균속도를 구해 보면 다음과 같습니다.

$$평균속도 = \frac{떨어지는 거리(\Delta x)}{떨어지는 시간(\Delta t)} = \frac{5 \times 3^2 - 5 \times 1^2}{3-1}$$
$$= 20(\mathrm{m/s})$$

이것은 $x=5t^2$의 구간 [1, 3]에서의 평균변화율과 같습니다.

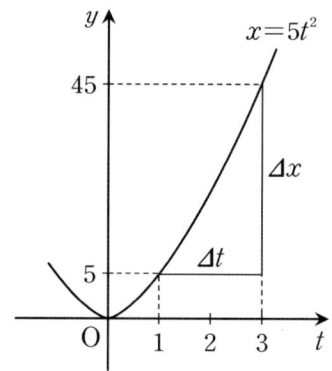

마찬가지로, 사과가 떨어지기 시작해서 1초부터 $1+\Delta t$ 사이

의 평균속도는 다음과 같습니다.

$$\frac{\Delta x}{\Delta t} = \frac{5(1+\Delta t)^2 - 5 \times 1^2}{\Delta t} = 10 + 5\Delta t$$

위 계산이 이해하기 어려운 친구들을 위해 제가 자세히 설명하겠습니다.

$\frac{5(1+\Delta t)^2 - 5 \times 1^2}{\Delta t}$을 계산해 보겠습니다. 분자 지역만 잘 정리하면 쉽습니다. 분자 지역에 있는 $(1+\Delta t)^2$을 계산해 내려면 완전제곱식의 전개를 이용해야 합니다. 완전제곱식의 전개란 다항식의 완전한 제곱 꼴을 풀어 해체시키는 것입니다. 그 방법을 알려 주겠습니다. $(1+\Delta t)^2 = (1+\Delta t)(1+\Delta t) = 1 + \Delta t + \Delta t + \Delta t^2 = 1 + 2\Delta t + \Delta t^2$ 각각을 곱해서 전개하면 됩니다. 공식은 있지만 이번만은 자제를 하겠습니다. 전개가 된 상태에서 앞에 붙어 있는 5를 각 항에 골고루 곱해 줍니다. 이제 무대를 옮겨 분수 모양에서 보여 주겠습니다.

$$\frac{5+10\Delta t + 5\Delta t^2 - 5}{\Delta t} = \frac{10\Delta t + 5\Delta t^2}{\Delta t} \quad \text{$\Delta t$로 약분}$$
$$= 10 + 5\Delta t$$

이제 다시 설명으로 들어갑니다. 시간의 증분 $\Delta t$가 $\Delta t=0.1$, $\Delta t=0.01$, $\Delta t=0.001$, ……과 같이 $\Delta t \to 0$일 때를 생각해 보면, $\lim\limits_{\Delta t \to 0} \dfrac{\Delta x}{\Delta t} = \lim\limits_{\Delta t \to 0}(10+5\Delta t)=10$이 됩니다. 이것은 $t=1$인 순간의 속도를 의미합니다. 또 이 순간속도는 $x=5t^2$의 $t=1$에서의 변화율과 같습니다.

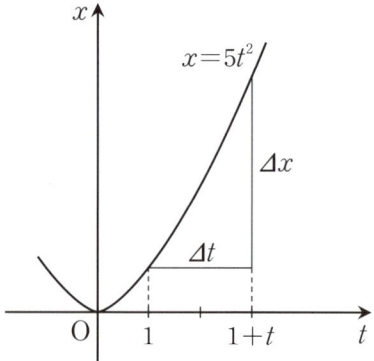

lim 이 기호는 리미트라고 부르며 극한을 나타내는 기호입니다. 뉴턴도 설명해 주었지요. 주로 극한값을 구할 때 많이 쓴답니다.

일반적으로 $x=5t^2$에서 $\dfrac{dx}{dt}=10t$는 시각 $t$에서의 속도이며, 이를 흔히 $v$로 나타냅니다. 이때, 봉수리가 나서서 전반적으로 설명이 좀 어렵다고 합니다. 그래서 설명을 처음부터 다시 하겠습니다. 하지만 위 내용도 머릿속에 넣어 두어야 다음 설명이 더욱더 잘 이해됩니다. 다른 예를 들어 한 번 더 설명을 하겠습니다.

속도와 가속도를 이해하기 위해서는 일단 평균속도에서 출발해야 합니다. 달리기 선수가 100m를 10초에 뛸 때, 평균속도는 10m/s입니다. 그러나 매 순간순간의 속도는 다를 것입니다. 우선 출발 직후의 속도는 0m/s일 것입니다. 그리고 최고 속도 지점에서는 10m/s를 넘기도 할 것입니다. 뛰어 보면 알겠지만 나중에 가면 힘이 빠져 속도가 줄 것입니다.

그러니까 순간순간의 속도가 다르다는 것을 알게 됩니다. 각 순간의 속도를 순간속도라고 말합니다. 각 구간에서의 평균속도는 각 시간의 순간속도가 됩니다. 이것이 바로 순간속도의 의미입니다.

$$(속도) = \frac{(위치의\ 변화량)}{(소요된\ 시간)}, \quad (속력) = \frac{(거리)}{(시간)}$$

자, 시간과 위치 사이에 $x = f(t)$ $x$는 위치, $t$는 시간라는 함수 관

계가 있다고 하면, 시각이 $t$에서 $t+\Delta t$만큼 지났을 때, 위치의 변화량은 $f(t+\Delta t)-f(t)$가 됩니다. 따라서 이 시간 간격 $\Delta t$ 사이의 평균속도는 다음과 같습니다.

$$\frac{(위치의\ 변화량)}{(소요된\ 시간)}=\frac{f(t+\Delta t)-f(t)}{\Delta t}$$

이때, $\Delta t$를 0으로 보낼 정도로 가까이 가면 $\Delta t \to 0$, 평균속도의 극한값을 시각 $t$에서의 순간속도 또는 속도라고 합니다. 앞에서 말했듯이 기호는 $v$로 나타냅니다.

$$v = \lim_{\Delta t \to 0} \frac{f(t+\Delta t) - f(t)}{\Delta t} = \frac{d}{dt}f(t) = f'(t)$$

두 번째 식에서 미분 가루를 묻히는 장면이 등장했습니다. 앞에서 $x = f(t)$라고 했습니다. 그래서 $v = \frac{dx}{dt} = f'(t)$라고 할 수 있습니다. 이때, 속도 $v$의 크기를 시각 $t$에서의 속력이라고 하며 기호로는 $|v|$로 나타냅니다. 속도 $v$는 위치의 변화량에 영향을 받으므로 음수가 나올 수도 있답니다. 속도 $v$의 부호는 운동 방향을 나타내므로 $v$가 양수일 때는 양의 방향으로 움직이고 $v$가 음수일 때는 음의 방향으로 움직입니다.

속도 $v$의 절댓값 $|v|$를 속력이라고 합니다. 나중에 배울 가속도 $\alpha$알파의 절댓값 $|\alpha|$를 가속력이라고 합니다.

속도와 속력을 같은 것으로 생각하는 사람들이 있습니다. 하지만 그 둘은 엄연히 다릅니다. 속도의 정의는 (속도) $= \frac{(위치의\ 변화량)}{(소요된\ 시간)}$ 이고, 속력의 정의는 (속력) $= \frac{(이동\ 거리)}{(소요된\ 시간)}$ 입니다.

예를 들어 비교하면 운동장 한 바퀴를 뛰어 출발점으로 다시 돌아오면 속도는 0입니다. 왜냐하면 위치의 변화가 없으니까요. 하지만 속력은 이동 거리이므로 소요된 시간으로 나누면 그 값을 구할 수가 있습니다.

정리해 보겠습니다.

시간 $t$에 대한 위치 $x$의 함수를 $x=f(t)$라 할 때, 시각 $t$에서의 속도 $v$는 $v=\dfrac{dx}{dt}=f'(t)$입니다.
이때, 이 속도의 크기를 속력이라고 하고 $|v|$로 나타내며 항상 $|v|\geq 0$입니다.

이제 가속도에 대해 알아보겠습니다.

가속도는 $\dfrac{(\text{속도의 변화량})}{(\text{소요된 시간})}$입니다. 시간 $t$에 대한 속도 $v$의 함수를 $v=g(t)$라고 두면 시각이 $t$에서 $t+\Delta t$까지 변했을 때 속도의 변화량은 $g(t+\Delta t)-g(t)$가 되므로 시간 간격 $\Delta t$ 동안의 평균 가속도는 $\dfrac{g(t+\Delta t)-g(t)}{\Delta t}=\dfrac{d}{dt}g(t)=g'(t)$입니다. 그리고 $a=\dfrac{dv}{dt}=g'(t)$입니다. 왜냐하면 $v=g(t)$이기 때문입니다. 위치를 시간에 대해 미분하면 속도가 되고 다시 속도를 시간에 대해 미분하면 가속도가 됩니다. 이렇듯 미분 가루를 뿌릴 때마다 모습이 변하게 되어 있습니다. 미분은 변화를 감지하는 도구입니다.

위치의 시간에 대한 변화율이 속도이고 속도의 시간에 대한 변화율이 가속도인 셈입니다. 움직이는 물체의 어떤 시각에서의 순간의 속도를 간단히 속도라고 말합니다. 그리고 움직이는 물체가 정지한다는 것은 속도가 0임을 뜻합니다. 마침 봉수리가 장난을 치다가 큰 개를 화나게 하여 도망가고 있습니다. 이 경우에 봉수리가 출발했을 때, 속도는 작지만 달려오는 개를 보고 속도가 크게 증가하고 있으므로 가속도는 큰 값을 가집니다. 안 그러면 개에게 물릴 수 있어요. 반면 최고 속도에 이르러 그 속도로 계속 달릴 때는 속도는 빠르나 속도의 변화가 거의 없으므로 가속도는 거의 0이 됩니다. 다행히 주인이 나타나 봉수리가 물리기 일보 직전에 위기를 모면합니다.

　가속도가 일정할 때, '속도에 변화가 없다.'는 생각은 잘못된 것입니다. 속도에 변화가 없는 경우는 가속도가 0인 경우뿐입니다. 여기서 가속도는 acceleration의 머리글자를 따서 a로 씁니다. 내 생각이지만 가속도를 $a$아로 쓰는 이유가 봉수리가 개에게 물리지 않게 아~~ 하고 달려서 $a$가 된 것 같습니다, 하하. 좀 정리하겠습니다.

> 시간 $t$에 대한 속도 $v$의 함수를 $v=g(t)$라 할 때, 시각 $t$에서의 가속도 $a$는 $a=\dfrac{dv}{dt}=g'(t)$입니다.

이왕 정리하는 거 같이 정리해 보세요.

(평균속도)=(평균변화율), (순간속도)=(순간변화율)

속도를 영어로 velocity, 속력을 speed라고 합니다. 농담 한마디 하면 속도에서 도는 도시를 나타내서 벨로시티라고 합니다. 하하, 내 농담 벨로지요. 벨로시티!

간단한 열차 문제를 통해 속도와 가속도를 모두 정리하겠습니다.

### 쏙쏙 문제 풀기

달리는 열차가 브레이크를 건 후 $t$초 동안 달린 거리 $x$m는 $x=18t-0.45t^2$인 관계가 성립한다고 합니다.
이 열차는 브레이크를 건 후 몇 m를 달리고 정지할까요?

**풀이** $x=18t-0.45t^2$에서 $\dfrac{dx}{dt}=18-0.9t$

열차가 정지할 경우는 속도가 0이므로

$\dfrac{dx}{dt}=18-0.9t=0$에서 $t=20$(초)

따라서 열차가 정지할 때까지 달린 거리는

$18 \times 20 - 0.45 \times 20^2 = 180(\text{m})$입니다.

움직이는 물체가 정지한다는 것은 속도가 0임을 뜻합니다.

우리의 수업 역시 지금 움직임을 멈추려고 합니다. 더 이상의 속도는 없습니다. 이만 정지하겠습니다. 봉수리도 수고 많이 했습니다. 여러분, 다음에 또 만나요.

## 수업정리

❶ 시간과 위치 사이에 $x=f(t)$ ($x$는 위치, $t$는 시간)라는 함수 관계가 있다고 하면, 시각이 $t$에서 $t+\Delta t$만큼 지났을 때, 위치의 변화량은 $f(t+\Delta t)-f(t)$가 됩니다. 따라서 이 시간 간격 $\Delta t$ 사이의 평균속도는 $\dfrac{(위치의\ 변화량)}{(소요된\ 시간)}=\dfrac{f(t+\Delta t)-f(t)}{\Delta t}$입니다.

❷ (속도)$=\dfrac{(위치의\ 변화량)}{(소요된\ 시간)}$이고, (속력)$=\dfrac{(이동\ 거리)}{(소요된\ 시간)}$입니다.

NEW 수학자가 들려주는 수학 이야기 71
**라이프니츠가 들려주는 미분 3 이야기**

ⓒ 김승태, 2009

2판 1쇄 인쇄일 | 2025년 9월 25일
2판 1쇄 발행일 | 2025년 10월 15일

지은이 | 김승태
펴낸이 | 정은영
펴낸곳 | (주)자음과모음

출판등록 | 2001년 11월 28일 제2001-000259호
주소 | 10881 경기도 파주시 회동길 325-20
전화 | 편집부 (02)324-2347, 경영지원부 (02)325-6047
팩스 | 편집부 (02)324-2348, 경영지원부 (02)2648-1311
e-mail | jamoteen@jamobook.com

ISBN 978-89-544-5316-5 44410
      978-89-544-5196-3 (세트)

• 잘못된 책은 교환해 드립니다.